大奥をゆるがせた七人の女

──天璋院篤姫から絵島まで

由良弥生

JN286080

講談社+α文庫

はじめに

江戸時代、武家社会では結婚の根本的な意味は跡継ぎを得ることでした。跡継ぎがいないのは致命傷で、大名家はお家断絶、将軍家といえども同じです。長子相続制でしたので、大事なのは父系の男子を得ることで、正室（正妻）に対して愛情があるかどうかはそれほど問題でありませんでした。女性の腹は借り物という考え方だったのです。そのうえ、当時は生まれてくる子たちの死亡率が、今では考えられないほど高く、なかなか成人にまで育ちませんでした。

将軍の正室が生む子も例外ではありません。そのため、生殖機能のある女性を常に江戸城に確保しておく必要がありました。そこで考え出されたシステムが、「大奥」だといえます。実際、歴代将軍のなかで、正室が生んだ子で将軍職に就《つ》けたのは、二代将軍秀忠《ひでただ》の正室が生んだ竹千代《たけちよ》（のちの三代将軍家光《いえみつ》）だけで、あとはみな側室の子か養子でした。つまり大奥というのは将軍が女色《じょしょく》にふける場所というより、将軍家の血筋を絶やさないために工夫された跡継ぎの生産現場なのです。

その大奥には将軍の正室をはじめ、側室、それに千人からの大奥女中たちが暮らしていました。もちろん、将軍以外は男子禁制です。

江戸の歴史を動かすほどの巨大な力を持っていたという大奥。将軍継嗣《けいし》や正室、側室をめぐって、さまざまな女のドラマが繰り返されてきたはずです。けれども、大奥女中たちは奉公にあがるさい、「大奥のことは一切他言しない」という誓詞に血判までしていますので、外部に内情を語ることがありませんでした。

ようやく、明治維新になって元大奥女中の口からぽつぽつと語られだし、また近年の研究や、新たな資料などから判明した事実もあって、その実情がだいぶ見えてきました。そこで本書は、大奥という女だけの社会で大輪の花を咲かせ、大奥をゆるがすほどの威勢を示した七人の女性の痕跡《こんせき》を追ってみました。

いずれも人生への取り組み方が半端ではなく、個性たくましく、したたかに生き抜いていて、何かを語りかけられたように思いました。

二〇〇七年十一月　由良弥生《ゆらやよい》

目次◉大奥をゆるがせた七人の女——天璋院篤姫から絵島まで

第四章　決意が花を咲かせた春日局

第六章　絵島——大奥いちばんの実力者「御年寄」の密通事件

※本書では、より読みやすくするために年表示は西暦と元号を併記していますが、月日に関しては明治五年十二月三日以前は旧暦を用いています。

第一章　大奥の裏側早わかり

江戸城「大奥」誕生の背景

江戸城の大奥は、千人を超える女性たちが暮らす男子禁制の「女の館」である。そこは将軍世子《せいし》（跡継ぎ）を生み育てる場所、いわば後宮であり、将軍の正室（御《み》台所《だいどころ》）もいれば側室（愛妾）もいる。それに多くの御殿女中がいる。

江戸城に大奥らしきものができたのは、十七世紀の初め、徳川秀忠《ひでただ》が二代将軍となって、三年目ごろからだ。

すでに家康時代から「奥向き」らしきものはあり、側室も多くいたのだが、奥向きの構造が不完全で、政治の現場である「表向き」との区別が厳然となされていなかった。それだけに男役人の出入りもずいぶん自由であった。

そのため一六一八（元和《げんな》四）年、秀忠は「大奥法度《はっと》」を定め、「表向き」と「奥向き」とを厳然と区別して男子禁制とし、奥向きの名称を「大奥」とあらためた。そして、将軍家以外の諸大名家に「大奥」という名称を使うことを禁じた。

こうして以後、大奥といえば、江戸城すなわち将軍家の大奥を指し、大名家の場合は奥向きと呼ぶことになったのである。

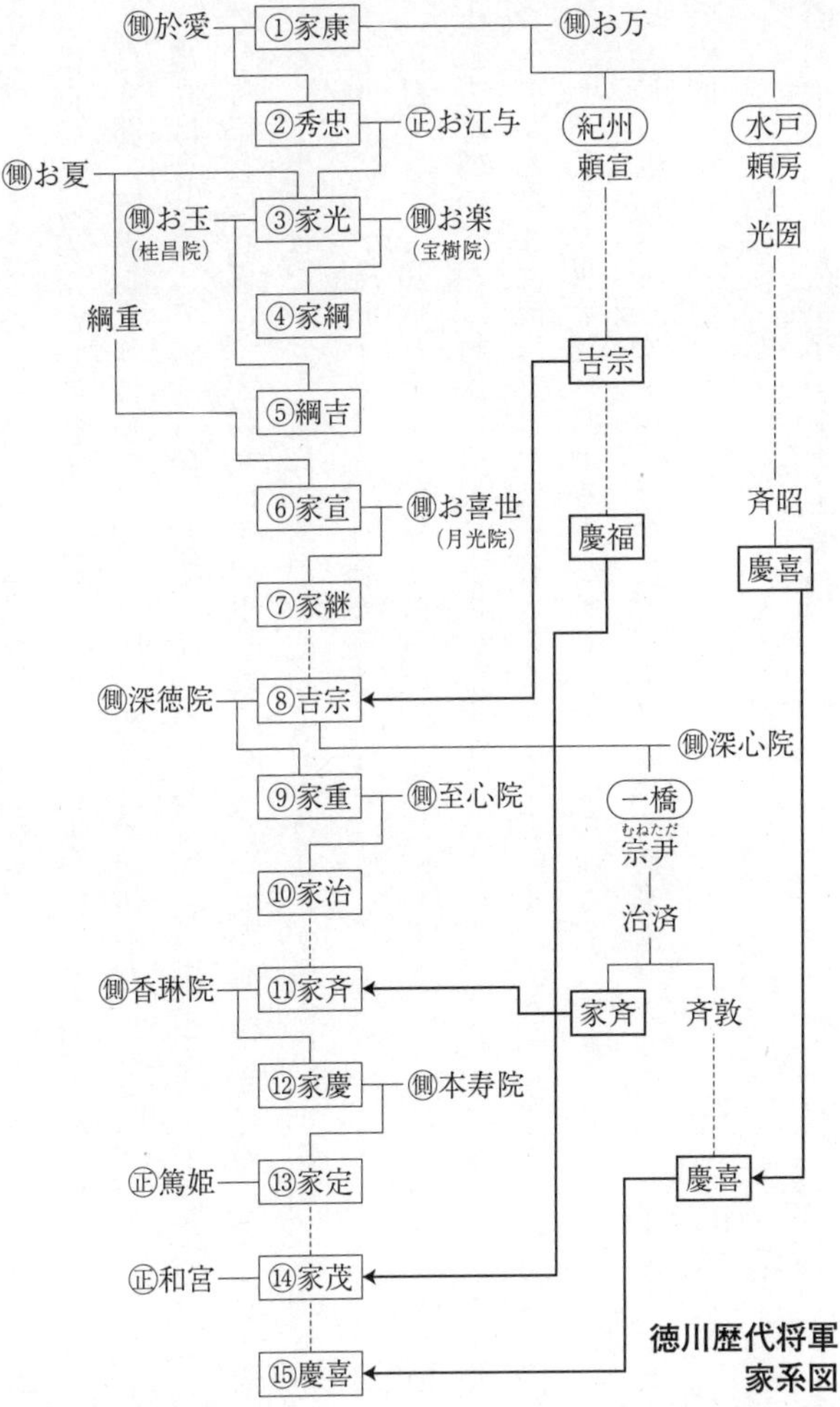
側於愛
①家康
側お万
②秀忠
正お江与
紀州
頼宣
水戸
頼房
側お夏
側お玉
(桂昌院)
③家光
側お楽
(宝樹院)
光圀
綱重
④家綱
吉宗
⑤綱吉
⑥家宣
側お喜世
(月光院)
慶福
斉昭
慶喜
⑦家継
側深徳院
⑧吉宗
側深心院
⑨家重
側至心院
一橋
宗尹《むねただ》
⑩家治
治済
側香琳院
⑪家斉
家斉
斉敦
⑫家慶
側本寿院
正篤姫
⑬家定
慶喜
正和宮
⑭家茂
⑮慶喜

徳川歴代将軍
家系図

大奥というところは「将軍が正室や側室と性的行為を楽しむ場所」。たしかにそれには違いないのだが、それよりむしろ、「将軍世子をつくり、育てるためにもうけられた空間、嫡男づくりに励む場所」といったほうが適切かもしれない。

当時は今と違って医学も発達していなかったし、衛生への備えも不十分だったせいで、将軍家にかぎらず大名家に子が生まれても、なかなか成人にまで育つことが少なかった。生まれた子は十歳になる前に死んでしまうことが多かった。原因の多くは疱《ほう》瘡《そう》と麻疹《はしか》だったといわれるが、死産や流産も多かった。

子だくさんで知られる十一代将軍家斉《いえなり》の例を見てもわかるが、もうけた子の数が五十五人であっても、無事に成長できたのは男子十三人、女子十二人。半分以上が亡くなっている。また成育できた二十五人のうち、十五歳まで生きのびることができたのは二十一人で、四十歳を越えることができたのはたった七人である。

当時、跡継ぎのいないのは致命傷で、大名家は「お家断絶」である。将軍家といえども同じである。

直系男子のみが継承できる「家督」

将軍家の維持、存続のためには、原則として直系の、一人前に成人できる男子を得なければならない。もうけられるものなら何人でも、ほしい。

そのためには、生殖能力にすぐれた女性を「家」の中に確保しておく必要があった。それを確保しておく現場、いわば将軍家の再生産の現場、それが大奥である。

そうまでしないと、正室だけでは将軍家の存続は不可能だった。実際、歴代将軍のなかで正室の生んだ子で将軍職に就けたのは秀忠の正室の子、家光（三代将軍）だけで、あとはみな側室の子か、養子なのである。

つまり大奥というのは、将軍家の血筋を維持するために工夫されたシステムで、将軍の性的行動を管理し、お家安泰のためにつくられた面が強いといえる。

徳川家康

ちなみに初代の家康は自分の直系で御三家（紀州・尾張・水戸）を設置し、また八代将軍吉宗の時代には御三卿《ごさんきょう》（田安・一橋・清水）が創設されている。いずれにしてもいざというとき、すなわち正室や側室が嫡男をもうけられない場合に備えてのもので、そのときには御三家・御三卿から将軍を迎える態勢を整えたのである。
徳川十五代を支えたのは、大奥・御三家・御三卿という三段階の安全装置だったといえる。

大奥という空間はどうなっていたか

将軍正室である天璋院篤姫《てんしょういんあつひめ》と皇女和宮《かずのみや》、また大奥女中でありながら権勢をふるった乳母《めのと》の春日局《かすがのつぼね》や御年寄（奥女中のトップ）の絵島、あるいは将軍生母にまでなった側室たちの残した足跡を見ていく前に、江戸城の大奥の仕組みについて説明しておこう。

大奥は外界から隔絶された複雑かつ特殊な空間であるうえ、働く奥女中には多種多様な職制と職階があるからだ。

江戸城は、本丸（本城）、二の丸、三の丸、西の丸、それに吹上《ふきあげ》御庭からなっている。

大奥というのは、本丸と西の丸にある。

西の丸というのは、大御所（隠居した将軍）、または将軍世子《せいし》やその正室（御簾《ごれん》中《じゅう》）が私生活を送る場所。二の丸・三の丸は「離れ」のようなもので、西の丸からだいぶ離れたところにあり、役目を終わってのちの、いわば余生を送るところといえる。

さて本丸だが、ここは「表」と「中奥」と「大奥」の三つの区画に分かれている。表は、将軍が政務を執るところ。中奥は表と大奥とのあいだにあって、官邸のようなもの。表と中奥の二区画にいるのはみな、男の役人である。したがってここでの将軍の世話は男の役人がする。

大奥は現将軍のいわば私宅、プライベートな空間だ。将軍の正室（御台所）や側室、それにお世話の奥女中たちの生活の場でもある。「御殿」と「長局《ながつぼね》」と「御広《おひろ》敷《しき》」の三つに区画されている。

御殿は、将軍と御台所、あるいは側室の使用するところで、平たくいえば、陰事、すなわち性行為をするところ。将軍家の血を絶やさないため、跡継ぎの子づくりに励む場所である。御台所の寝所とは別に、将軍の寝所である「御小座敷《おこざしき》」がいくつもある。

長局は、大奥女中たちの住む棟《むね》である。「一の側」から「四の側」まで二階建ての四棟に分かれて続いている。

大奥の女中たちは職制によって、将軍や御台所に謁見《えつけん》（お目見え）の許される者と、許されない者とに分けられている。前者を「お目見え以上」といい、現代風にいえばキャリア組といえる。後者は「お目見え以下」といって、いわばノンキャリア組だが、引き、運、あるいは器量しだいで昇進できる。また、どちらの組にも職階がある。

お目見え以上の住む一の側は間取りが広く、部屋数も多い。二の側、三の側となるにつれて格式が低くなって狭くなり、部屋数も少なくなる。棟の中は職制ごと、幾つもの部屋に区切られている。間取りは今風にいえば、五ＬＤＫとか三ＬＤＫに使用人部屋がついたようなものだ。

「お目見え以上」と「お目見え以下」の身分差

御広敷は、大奥の内玄関にあたるところで、天璋院篤姫にしても、皇女和宮にしても、江戸城入りのさいには、まずここから入る。ここには大奥の警備や事務をする者と、将軍や御台所の飲食物の調理をする賄《まかな》い方《かた》の男役人がいる。大奥への出入り口である「御広敷御錠口《ごじょうぐち》」というのがあって、錠がかかっている。通常は「お目見え以上」の女中たちの出入り口で、中奥側には男役人が、大奥側には御使番という役女中（お目見え以下）が、人の出入りを見張っている。

この大奥に将軍以外で入れる男性は、正式の要請があった場合にかぎられるが、奥医師、それに地震や火事の緊急時、あるいは増改築時の職人たちだけである。

さて、御広敷御錠口をくぐって大奥へ入ると、近くに「御広座敷」という部屋がある。御年寄の許可を得れば、用事で老中や男役人がここまでくることもある。特別な応接部屋といったところだ。

将軍が大奥の出入りに使用するのは、この御広敷御錠口ではない。大奥と中奥の境に、銅《あかがね》の塀で仕切られた錠のかかった出入り口「上の御錠口」というのが別にある。杉戸の上に大きな鈴がかけられているので、「上のお鈴口」とも呼ばれる。大奥側の女中（お目見え以上）と中奥側の男役人が互いに鈴を鳴らしては用事、たとえば「将軍のお成り」などを知らせたり、中奥側に用事を取り次いだりする。また非常口ともいえる「下のお鈴口」もある。

他にもまだ出入り口はある。御広敷と長局側との間に「七ツ口」というのがある。

ここはお目見え以下の女中たちが宿下がりなどの外出のとき利用したり、あるいは奥女中が自前で雇う身分の低い「部屋方（又者《またもの》＝陪臣《ばいしん》）」や、面会にくる女中の身内の女たちが出入りしたりする。この呼び名は、出入り口が七ツ（午後四時ごろ）に閉まることからきている。七ツ口には女中たちの買い物口があり、高さ三尺（約九十センチ）くらいの手すりがあって、向こう側に御用商人が詰めた。もちろん男子の出入りは許されず、手すりはここにしかないので、「手すり」といえば「七ツ口」をさす。手すりはここにしかないので、用事があって部屋方と面会するときも、出入り口の敷居を隔てて話をしなければならない。

大奥女中の職制――キャリア組編

大奥女中には、将軍付きと御台所付きがいる。その職制は後述するように多種多様だが、なかでも別格なのは「上臈御年寄《じょうろうおとしより》」という役職である。

また大奥女中たちのなかでいちばんの実力者、権力者といえば、「老女」とも呼ばれる「御年寄」という役職である。規律の適用にかなり厳格で、大奥一の強面《こわもて》の女中である。御小姓《おこしょう》（男役人）だった人が明治維新後にこう語っている。

「大奥には御年寄というむつかしい人がいるので、将軍にとっていちばんお気楽なところは中奥です」

将軍にしてこうなのである。また、御年寄という役職は、中奥にいる将軍の御側御《おそばご》用《よう》取次の男役人と内密に相談することもできたという。したがって御年寄と将軍の側室が結びつけば、それこそ強大な権力が生まれる。将軍に取り入り、その心を左右できるからだ。

以下に示すのは、将軍にお目通りがかなう「キャリア組」の職制である。

一、上臈御年寄《じょうろうおとしより》（大奥最高のポジション）

最高位の大奥女中だが、政務にあまりタッチしない。正室のお輿入《こしい》れのさいいっしょに京都から下向してくる公家《くげ》の娘の就く役職。「姉小路《あねこうじ》」「飛鳥井《あすかい》」といった生家の通り名で呼ばれる。年齢制限はなく、通常は将軍や御台所の御用を務める。茶の湯や香合わせなどの行事があれば、相談役となって相手をする。ちなみに十歳くらいから大奥に入ってくる「小上臈」という上臈御年寄の見習い的な公家の娘もいる。

二、御年寄（大奥いちばんの実力者）

この役職は、大奥全体の取り締まりをする女性である。詰め所の「千鳥の間」で煙草盆を前に端座して、日々、大奥女中たちから持ち込まれるさまざまな問題を採決する。「町屋敷（＝敷地）」を与えられる役得があり、他人に貸せば、その地代収入は大きい。表の役職なら、老中に匹敵する。御年寄筆頭ともなれば、外出するさいには十万石の大名と同じ格式であった。そのプライドもあって老中相手に悶着《もんちゃく》を起こす御年寄もいる。

三、御客会釈《おきゃくあしらい》

将軍が大奥へお成りになるさい接待を務めたり、また御三家・御三卿・諸大名からの女使の接待を務めたりする役職。この役は御台所付きの女中にはない。大奥への客はすべて将軍の客として扱うからだ。御年寄や御中﨟《おちゅうろう》、表使、御錠口などが引退した後に就く、いわば高級キャリアの天下り先。

四、中年寄

これは将軍付きにはない役職である。御台所付きの御年寄の指揮下で動き回る。御年寄の下役、代理役。毎朝、御台所の献立の書き付けを御仲居《おなかい》から取り寄せてチェックし、料理の毒見もする。また御年寄とともに御台所の代参を務めることもある。

五、御中﨟《おちゅうろう》

将軍と御台所の身辺の世話をする役職。食事や入浴の世話はもちろん、お便所にもついていき、お尻の始末もする。年齢制限はなかったようだが、若い器量よしの娘が多い。将軍の「お手つき」というのは、通常この御中﨟のなかから出る。また身分の低い女中が見初《みそ》められたときは、一気に御中﨟にまで昇進できる。

六、御小姓《おこしょう》

煙草や手水《ちょうず》などの世話をするのだが、十三、四歳の少女がこの役に就くことが多い。いわば小間使い的な役職。

七、御錠口《ごじょうぐち》

将軍が大奥の出入りに使う「上の御錠口（上のお鈴口）」に詰めて出入りを見張ったり、中奥側の役人（男）に将軍の用事を取り次いだりする役職。

八、表使《おもてづかい》

御年寄の指示にしたがって大奥の生活必需品、たとえば箒《ほうき》、肴《さかな》、米などの買い物を引き受ける役職。表使が外出して買い物に行くのではなく、必要なものを書き付け、「御広敷御錠口」を通じて御広敷の役人に通知して調達する。それだけではない。外部から大奥へ持ち込まれる用向きを御広敷の役人と掛け合って奥へ取り次ぎ、その返事を通知したりする。表の社会と大奥を取り次ぐ、いわば外交官役で、大奥にあって重要なポジション。才知のすぐれたものでなければ務まらない。それだけに役得もいちばんいい。御年寄同様「町屋敷（＝敷地）」を与えられるのは、表使だけ。

九、御右筆《ごゆうひつ》

日記、諸向きへの文書、諸家への書状、記録の執筆・作成などにあたる役職。日記はそれぞれが思い思いにつける。ほかにも御三家・御三卿・諸大名からの献上物などを検査し、そのうえで御年寄に差し出す仕事もする。代参のさい御年寄に随行するのも仕事のひとつ。

十、御次《おつぎ》

仏間、台子《だいす》（正式の茶の湯に用いられている棚もので、風炉《ふろ》・茶碗・茶入れ・水差しなどをのせておくもの）、膳部、道具類などを整える役職。また式日《しきじつ》や臨時のイベント、たとえば鳴り物狂言などがあるときには遊芸役も務めるので、その心得のある者がこの役に就く。したがって遊芸に長《た》けていれば、お目見え以下であっても御次に昇進しやすい。ちなみに将軍は御中臈より身分の低い女中をお手つきにすることもある。その多くが、この御次である。役職からいって目にとまりやすいうえ、若い娘が多かったからだ。

十一、御切手書《おきってかき》

「七ツ口」を利用する人々——大奥女中に面会にくる親や親類、また女中が自前で雇う部屋方や、用達商人たちの女を検《あらた》め、男の侵入に目を光らせながら御切手（許可証）を渡す役職。

十二、御伽坊主《おとぎ》

将軍付きにだけある役職。男の着物姿で、頭を円く剃っている。この役は四、五十歳から、若い女までいたようだが、御剣《ぎょけん》を捧げて将軍のお供をする。また側回りの雑用もする。大奥には「お清の間（仏間）」と「大清の間（神道の部屋）」があり、ここの雑用もこなす。さらに将軍の不寝番もする。将軍が大奥に泊まるさいには、御台所や側室への連絡役も務める。

将軍の言いつけがあれば、どの部屋へも出入りができる。また「上の御錠口」から中奥、中奥から表へと本丸中どこへでも出入りできる唯一の女中だ。

『旧事諮問録《くじしもんろく》』によると、子どもを亡くした者や、御三《おさん》の間《ま》の髪の薄い者などが願い出てこの役に就いたという。ということは大奥に上がった女中たちは、未婚の女ばかりではないということだ。

十三、呉服の間

将軍と御台所のお召し物を裁縫する役職。ほかのことにはいっさいかかわらない。役替えも少なく、したがって昇進も呉服の間の頭になれば行き止まりとなる。仕事は厳しく、針の先が少しでも欠けていたりすると、それが見つかるまで大騒ぎになる。自分の探している間は幾日でも針のなくなった日に着ていたものを着用して探し回る。自分の部屋に戻るときには別の着物を取り寄せ、着替えてから戻らなければならない。ただ厳しいだけではなく、針の先を探している間はごちそうが出たという。

以上が、お目見え以上の役職である。

大奥女中の職制——ノンキャリア組編

一、御三の間《おさんのま》

お目見え以下であるが、採用条件は親許がお目見え以上の旗本であること。奥女中の役職の振り出しはたいていここから始まり、キャリア入りする。きわめて多忙な毎日で、御台所御座所はもちろん、お目見え以上の部屋の掃除いっさい、それに湯や水の運搬、火鉢・煙草盆などの管理もする。また御年寄以下、御中﨟までの雑用もするし、御次といっしょに遊芸の役も務める。さらに朝六ツ半（午前七時）、御年寄が御台所の目覚めを知らせたあとで、「六ツ半どきお目覚め、おめでとうございます」と言って、部屋部屋に触れ回るのも務め。

二、御広座敷《おひろざしき》

表使の下働きをしたり、諸大名の女使が登城したさいに御膳部を世話したりする役職。御広敷御錠口の近くにある御広座敷は、御年寄たちが老中など表の役人と面会したり、新規採用する女中に誓詞を申し渡したりする部屋で、その世話もする。

三、御仲居《おなかい》

御膳所に詰めて献立のいっさい、煮たり炊いたりを取り仕切る。

四、御火の番《おひのばん》

文字どおり、火の番が仕事。昼夜を通して何回も長局を巡回して火の元の注意を促すのが務め。志願すれば遊芸の稽古が許され、イベントがあるときには御三の間に交じって踊ることもある。

五、御茶の間《おちゃのま》

御台所付きにある役職で、御台所の食事中の湯茶を調えて納めるのが務め。

六、御使番《おつかいばん》

番部屋に詰めて、奥医師と「お目見え以上」の女中たちの出入り口である御広敷御錠口を見張り、開閉を取り扱う。

七、御末《おすえ》（御半下《おはした》）

いわゆる下女で、風呂や台所用の水汲み、掃除などいっさいの雑用を受け持つ。詰め所があって、そこには添番《そえばん》がいる。御末の下にも、お給金なしの員外で、「御犬子供」といわれる雑役に従事する女たちもいる。大奥の食べ残しを食べるので、そう呼ばれた。

ほかにも、大奥で働く女中はいる。お目見え以上の女中たちが自前で雇う「部屋方」と呼ばれる小間使いの使用人たちである。局《つぼね》、合《あい》の間《ま》、小僧、タモンと呼ばれる者たちで、局は、雇主である奥女中の部屋を取り仕切る役。合の間は衣装の世話など日常の相手をし、小僧は小間使いの少女のことで、成長すると合の間に昇進する。タモンは炊事・掃除などの下働きをする。彼女たちは幕府が雇う女中ではないので、又《また》者《もの》（陪臣）といわれ、長局以外の場所へ出歩くことはできない。

ちなみにゴサイと呼ばれる下働きをする男を雇うことがある。これは長局には入れない。毎日御広敷の裏の「手すり（七ッ口）」まで来て、お使いごとや町の買い物など外の用事を聞いて動く。御中臈なら一人、御年寄なら三人まで使えたという。

また御年寄のような高級な奥女中が親類縁者の少女を自分の部屋で預かって躾《しつけ》や遊芸の稽古《けいこ》をさせたあと、御中臈などの奥女中に仕立てる「部屋子」というのもいる。

多種多彩な大奥の人びと

このように大奥にいる女中や女たちは、じつに多種多彩なのである。幕府からお給料をもらう女中たちは、お目見え以上であっても以下であっても、無期限の一生奉公が原則だ。そのため辞めようとしてもなかなか簡単に辞められない。

では、休暇をとれるのかというと、お目見え以下の女中は宿下がりという休暇をとれる。大奥奉公に上がって三年目に六日間、六年目に十二日間、九年目に十六日間という具合で、これ以上はいくら勤めても日数は増えず、季節は春先と決まっていた。だから当時の芝居小屋は彼女たちを当てにして毎春、歌舞伎芝居を打っていた。

いっぽうお目見え以上の女中には、宿下がりは原則としてない。ただし親の重い病気、自分の病気のときは許される。ちなみにお手つきになった側室（御中﨟）は、何があろうと一生、宿下がりはできない。

また同性の身内なら、自分の長局の部屋に招くことができる。男であっても九歳以下なら許される。生殖能力がないと考えられたからである。それにまた、御年寄の許可を得れば、身内を二泊までなら泊めることができたようだ。父親とは、その死に目にしか会えない。

だが抜け穴はあったようだ。御年寄の許可を得れば、「七ツ口」から長局に入れたようなのである。入って、奥女中たちの部屋が並ぶ長局を見物した男もいるという。「金しだい、コネしだい」だったのかもしれない。また「七ツ口」から女中が長持ちに男を隠して入れたりすることもあったようで、長持ちなどの出入りのさいには、その目方を調べるようになったという（第六章・絵島生島事件参照）。

こんな話もある。大奥の女中たちは親兄弟の年回忌に自分の部屋に尼僧を招いて経をあげてもらうことが許されていた。それに乗じて「新発意《しんぼち》」と呼ばれる少年僧が尼僧に変装して大奥の女中の部屋に泊まり、子をはらませてしまったという。

つまり、しようと思えば密通も不可能ではなかったのである。この事件が表面化すると、こういう手立てがとられた。「尼僧は下々の者で、体が汚れている。それゆえ大奥へ入れるさいには、風呂で湯浴《ゆあ》みをさせるべし」

一度、裸にすれば一目瞭然というわけである。

大奥女中の誓詞血判

大奥の女中は新規に採用されると必ず先輩女中の立ち合いのもと、誓詞に血判する。主な条文は十二ヵ条ばかりだという。御台所を大切にして奉公に精を出すこと、大奥で見聞したことを親兄弟はもちろん、外部にいっさいもらさないこと。ほかにも、一生奉公とか、宿下がりのときに物見遊山や芝居見物をしてはいけないとか、合い風呂（同浴）・合い床（同衾《どうきん》）をしてはいけないとかである。

合い風呂（同浴）・合い床（同衾）の禁止は風紀の乱れ、同性愛を恐れたからだろうが、それが横行していたということになる。実際に江戸時代、富裕層のあいだでは「といちはいち」といわれる女性同士の同性愛行為も珍しくなかった。「といち」は、ト一で、漢字の「上」のこと。「はいち」はハ一で、ひっくり返せば一ハで、同じく

「下」のこと。つまり、「といちはいち」は女性同士の「上下」を表す隠語なのである。

こういう話がある。大奥や大名の奥向きに狂言師が出入りし、権力とお金のある御年寄などにはお気に入りのお抱え狂言師がいたという。当時、狂言師といえば、女性である。彼女たちは招かれて歌舞伎を演じたり、女中たちに歌舞音曲を指南したりした。担当したのは藤間流、坂東流両派の女師匠である。女師匠ともなれば女役者を数十人は引き連れている。その中に大奥や大名屋敷の御年寄など、お金に余裕のある奥女中に可愛がられる若い娘がいれば、女師匠は経済的に潤う仕組みになっていた。だから同性愛のテクニックを教え込む女師匠もいた。習得するにはかなりの時間を必要とする高度の性技もあったという。

それはさておき、新人女中は誓詞の条文に血判をする。そして御三の間から上の新人女中なら、御年寄から給料目録と役職、それに通り名を与えられる。通り名は一生ものではなく、役替えのたびに変えられる。たとえば御年寄になれば、三字名といい、しいば（椎葉）、たかお（高尾）、みわの（三輪野）など、仮名書きで三字の名を与えられ、その名で呼ばれる。

また御中臈、御右筆、呉服の間、御三の間、御広座敷などは、仮名で二字の名を与えられ、それに「お」を付けて「おせい」「およう」などと呼ばれる。

当時、通り名で呼ばれるのは奥女中にかぎったことではなかった。武士も実名と通り名を持っていた。実名は一生変えないが、ふだんはほとんど使わない。正式な御届書などにも通り名のほうを書くのが慣わしであった。また、通り名はそのつど変わっても差し支えがなかったので、二度三度とあらためることも珍しくなかったという。

とにかくお目見え以上の女中に採用されると、御年寄あるいは中年寄に連れられて御台所と初顔合わせをしてから、長局へ連れていかれ、それぞれの部屋に披露される。これを「廻勤《かいきん》」といった。

こうして大奥女中の採用儀式を終えるのである。

大奥女中たちのお給料

一生奉公もいとわぬ大奥の女中たちのお給料は、いったいどのくらいだったのか。それを見てみよう。

大奥女中のお給料には、お目見え以下のなかでも最下位にある御末（御半下）にまで共通しているお手当が、五種類ある。これらのお手当は、むろん奥女中の役職によって支給される高が違う。
①御切米《おきりまい》／一年間にもらえる米の量で、いわば本給。五月と十二月に支給される。この米は、蔵前の米問屋で相場に見合った米価でお金に替えられる。
②御合力金《ごごうりよくきん》／衣装代の特別手当のようなもので、小判でもらう。この特別手当が出るようになったのには、こんな経緯がある。徳川幕府の初期のころ、諸大名は競って将軍家に物品を献上していた。同時に力のある大奥女中たちにも進物を欠かさなかった。便宜をはかってもらうためだ。三代家光の時代になると、奥女中への進物が制限された。そのため、家光の乳母《めのと》「春日局《かすがのつぼね》」が特別手当の恩賜《おんし》を願い出て、「御合力金」が支給されるようになったという。
③御扶持《おふち》／毎月三十日分ずつ、本人と、本人が自前で雇う下働きの女たちに支給される米。男扶持は一日五合、女扶持は三合だが、御使番と御末以外の女中は男扶持がもらえる。役職によって三人扶持とか二人扶持と決められている。たとえば三人扶持なら一日分は、自分の五合と、下働きの女の二人分六合で、つごう十一合となる。
④薪・炭・油／これらのほか、「湯の木」という風呂用の薪ももらえる。

⑤五菜銀《ごさいぎん》／御菜とかゴサイとも書かれるが、味噌や塩を買うため、銀が支給される。

また、これ以外にも収入源のある奥女中がいる。前述したように御年寄と表使だ。その役職に就くと、「町屋敷（建物のことではなく敷地）」を拝領するので、そこを他人に貸して地代を収入にできる。場所のいいところだと、地代を年々上げられるので、相当の収入になったといわれる。

では、お目見え以上の将軍付き奥女中のお給料（年収）が、いったい今の価値に直すと、どのくらいになるのか。それを『大奥女中分限』による寛政年間（一七八九～一八〇〇）の給与明細から推測してみる。

当時、江戸の町家に住み込んだ女性のお給料が、年三両二分くらいである。また腕のいい大工の場合、月に二十日も働かないで一両を稼ぎ、それで長屋の家賃を払い、食べる・飲む・着る・遊ぶという消費生活が送れている。

一両を今の貨幣価値に換算するのは、時代や物価をどうとらえるか、また金の含有量の違いなどによって一概にはいかず難しいのだが、ここでは、八万～十万円、米一石を金一両として換算してみた。米は十合で一升。十升で一斗。十斗で一石となる。

「上臈御年寄」の場合

・御切米＝百石
・御合力金＝百両
・御扶持＝十五人（男扶持七人、女扶持八人）
・薪三十束、炭二十俵、湯の木五十束、油（五ヵ所七升二合）。油は終夜灯用と半夜灯用
・五菜銀＝三百匁

一両を八万円とした場合（以下同）、薪や油、五菜銀を別にして（以下同）、年収一千七百七十万円となる。一両九万円で計算すれば、二千万円近くになる。

「御年寄」の場合

・御切米＝五十石
・御合力金＝六十両
・御扶持＝十人（男扶持五人、女扶持五人）
・薪二十束、炭十五俵、湯の木三十五束、油（三ヵ所四升二合）
・五菜銀＝二百匁一分

計約九百九十六万円となる。けれども、御年寄には拝領した町屋敷の地代収入もある。さらに毎年一度、将軍と御台所から黄金三枚ずつもらっていたという話もある。黄金というのは大判のことをいい、一枚が十両に相当する。価値が下がっても七両二分といわれるので、少なくとも、三百六、七十万円以上になる。役得の地代収入と合わせれば、年収は上臈御年寄を抜くことになるだろう。また御年寄筆頭ともなれば、大奥いちばんの実力者であるから、密かに金品が内外から贈られたことだろう。手当も倍近くもらえたのである。

「御中臈」の場合

・御切米＝十二石
・御合力金＝四十両
・御扶持＝四人（男扶持一人、女扶持三人）
・薪十束、炭六俵、湯の木十九束、油（一二ヵ所三升）
・五菜銀＝百二十四匁二分
計約四百五十七万円。

「表使」の場合

・御切米＝十二石
・御合力金＝三十両
・御扶持＝三人（男扶持一人、女扶持二人）
・薪十束、炭六俵、湯の木七束、油（二ヵ所三升）
・五菜銀＝百二十四匁二分
計約三百六十八万円。

ただし、この役職も御年寄同様、地代収入というのがあるので、年収はもっと多くなるはずだ。また御右筆は、表使と御扶持と五菜銀は同じだが、あとはみな少ない。
お目見え以下のトップ、御三の間はどうか。

「御三の間」の場合

・御切米＝五石
・御合力金＝十五両
・御扶持＝二人（男扶持一人、女扶持一人）
計約百八十四万円。

　また、最下位の御末（御半下）は、御切米＝四石、御合力金＝二両、御扶持＝一人（女扶持一人）で、計約五十六万七千円。お目見え以上と比べると極端に少ないように思えるが、町家で働く住み込みの女性たちと比べれば、倍以上の収入となる。それに大奥奉公という箔《はく》もつく。お目見え以下のノンキャリア組最下位であっても、上手に職を退けば良縁に恵まれたというので、けっして悪くない。

　ちなみに、二人扶持、三人扶持であっても、役職が下がれば下がるほど、それ以外の手当に開きが出るので、実際に自前で下働きの下女を雇えるのは、お目見え以上のキャリア組の女中たちにかぎられていたのである。

大奥に奉公したがるわけ

　大奥へ就職するのは容易ではない。難しい試験があるわけではないが、身分の壁があるので、いわゆる「就職活動」もしにくい。

　上臈御年寄を除く御三の間以上を志願する場合、親許が将軍に謁見《えっけん》できる旗本でなければいけない。身分の壁をクリアしても、大奥に足がかり、つまりコネ、縁故がなければ近づけない。いちばんものをいうのは大奥に奉公に上がっている女中との縁故である。富裕な町人、農民の娘なら、お目見え以下（御三の間以外）の女中志願は可能だ。

お目見え以上への抜け穴もある。大奥に縁故のある旗本、御家人に金銭を払って「仮親」になってもらう。つまり養女という身分になって大奥に上がるのである。

ところで、旗本とは、将軍にお目見えがかなう二百石以上、一万石未満の直参《じきさん》の武士のことをいうが、役職に就いていなければ、家禄自体はたいしたことがなく、三百石程度の旗本はざらにいた。お目見えのかなわないのが御家人で、二百石以下である。一般にこれら旗本・御家人の台所事情は楽ではなかった。

たとえば三百石といっても、これは「草高《くさだか》」あるいは「表高《おもてだか》」といって、与えられた知行地の予定の収穫高。悪天候による不作や農民の取り分もある。したがって旗本本人の取り分は現物の米にして、うまくいって二百俵くらいだという。へたをすればそれ以下である。これを蔵前の札差《ふださし》に持ち込んでお金に代えるといくらになるか。一俵は三斗五升。二百俵は七百斗で、七十石。一石一両で換算すると、七十両。月平均にして六両にしかならない。しかもうまくいった場合でこの収入である。不作や飢饉《ききん》ということもよくあり、それ以下ということもある。

旗本の場合、屋敷は拝領しているが、下男下女、それに中間《ちゅうげん》の一人も雇っていなければ格好がつかない。家族もいる。さらに、馬を巧みに乗りこなせてこその直参旗本、馬も飼育しなければならない。お目見え以上という格式、着た切り雀というわけにはいかない。また、役職に就くには付き合い、いわば「就職活動」も必要で、上役への進物もある。冠婚葬祭、拝領屋敷のメンテナンスにも経費がかかる。とにかく要り用が多い。

当時、町人たちが「百俵六人、泣き暮らしィ」と、貧乏旗本など禄の少ない武士を馬鹿にすることは珍しくなかった。自分たちより広い屋敷に住んでいるが、一年に米百俵では家族が六人もいたら、泣く泣く暮らしているだろうと、からかったのである。これら旗本の暮らし向きは、腕のいい大工より悪かった。旗本にしてこうなのである。

千載一遇のチャンスを生かす大奥奉公

もうおわかりと思うが、貧乏旗本、貧乏御家人の娘たちが、大奥に奉公へ上がることが多かったのである。

そういう武家の娘が振り出しに就く役職が御三の間であった。年収を計算すれば二十三両。腕のいい大工の二倍近くになる。もちろん薪、炭、湯の木、油、五菜銀ももらえる。生活に不自由しないどころか、生家にいてはできない「ぜいたく」ができる。

それに、役替えを経ながら、昇進のチャンスもある。蓄えもできる。運がよければ、側室の道も開けて、一気に御中﨟にまで昇れる。寵愛《ちょうあい》され、子をもうければ、より多くの富と栄誉が手に入る。親のためにも自分のためにもなる。そこに彼女たちは生き甲斐を見つけ出したといえる。

実際、だからこそ、妬《ねた》み、僻《ひが》みの渦巻く大奥というストレスフルな女だけの社会に耐え忍んで、辛抱する。身分制の厳しいこの時代、男社会で耐えるか、女社会で耐えるか。二つに一つだった。

とはいえ、無制限の忍耐というものはありえない。

男子禁制で一生奉公が原則、そのうえ外出の厳しい大奥の女たち。金銭と実権のある大奥女中たちは、代参や宿下がりといった外出の機会に欲求不満をはらしていた。

それが徳川中期以後の大奥の風紀を乱し、さまざまな事件を起こすようになる。第六章で詳述することになる「絵島生島事件」もそのひとつなのである。

将軍の「見初め」で得られる側室の座

通常、将軍の「お手つき」というのは将軍付きの御中臈の中から出る。もちろん、ふとしたきっかけで、御台所付きの御中臈が見初められることもある。その場合は、御台所付きから将軍付きに替えられる。それ以外の、たとえば「御三の間」の女中が見初められると、将軍付きの御中臈にいっきに昇進する。

だが、側室となっても部屋が与えられるわけではない。世話親である御年寄の部屋の二階に同居のまま、呼び出されるたびに将軍の寝所である「御小座敷」に行く。側室であっても奥女中に変わりないという扱いを受ける。ちなみに御小座敷といっても、構造や規模が小さいということではない。部屋は上段・下段の間に分かれていて、次の間が二つ続いてある。しかも、この御小座敷という寝所は幾つもある。

側室の地位というのは、江戸時代前期には正室と比べて格が低いのか同格なのか、あいまいであった。それが江戸時代のある時期、十八世紀に入ると違いが出てくる。

また大奥の構造も、しだいに御殿と長局の境が明確になってくる。これまで権勢をはる側室や御年寄の部屋は、正室と同じように長局から独立していたのだが、それをすべて長局に移させたのは、六代将軍家宣《いえのぶ》の正室（関白近衛《このえ》基熙《もとひろ》の娘・熙子《ひろこ》＝のちの天英院）であった。将軍の子女を生んだ側室であろうと、女中という位置づけをしたのである。

その後、側室の生んだ子でも正室の「御養い」となり、すぐに側室から離され、正室を母として育てられた。乳を与えるのは乳母で、御家人や町人の妻が雇われた。だが身分が低いので、乳飲み子を他の者が抱き、乳母は覆面をして乳を与えたという話もある。それでも形だけの養母と養子の関係よりずっと親密なものとなり、実際、生母である側室は子どもから呼び捨てにされたという。家族待遇が受けられるようになるのは、生んだ息子が当主になったときだけである。

側室同士の激しい地位闘争

こうなったのには理由がある。

将軍の寵愛を後ろ盾に権力を握り、正室をさしおいてお世継ぎ問題や政治に口出しをしてくる側室がいた。それでは将軍家の存続が危うくなると危惧《きぐ》した幕府も、側室は正室より格の低いことを明らかにし、お手つき御中臈だからといって、それ以上の地位を与えなくなった。側室はあくまで奥女中であるということを明確にしたのである。

とはいえ子を生めば「お部屋様」「お腹様《はら》」と称されて、大奥での権威と栄耀栄華を保証された。本人だけでなく身内も権威に与《あず》かれた。実際、側室の実父や養父で江戸城に出入りして、権勢と利益を享受した者は多い。たいてい父親は召し出されて士分に取り立てられる。兄弟姉妹はもちろん、親類縁者まで恩恵に与かれた。

それだけに将軍の寵愛を得ようと繰り広げられる側室同士の闘い、同性への嫉妬と闘争心。それらは相当なものがあったと考えられる。

だが側室は、正室と感情を剝《む》き出しにして争うことはなかった。格が違うからである。そのかわりお付き女中同士で反目、軋轢《あつれき》を生じた。将軍の正室への泊まりが少なくなると、側室は正室のお付き女中たちから、悪《あ》しざまにののしられたからだ。

また彼女たちはまるで我がことのように側室を妬み、御中臈にお手がつくと、陰で「汚れたお方」、お手のつかない御中臈を「お清《きよ》の方」と差別したという。

当時は子どもが生まれても、成人まで無事に育つのはなかなか難しい時代であった。途中で死ぬ率が高く、貴顕《きけん》の子どもほど早世する者が多かった。そのため丈夫な将軍世子をもうけるためにも側室は必要とされ、その生む能力が期待された。だが、そこは男と女、将軍の泊まりが偏る。特別に可愛がられる側室は、大奥の女たちから嫉妬の眼を向けられ、あることないことを言われるのである。

無事に育つことが稀だった将軍家の子息たち

ところで、子どもの高死亡率の原因の多くは疱瘡《ほうそう》と麻疹《はしか》だった。死産や流産、それに夭折《ようせつ》も多かったが、これは「白粉《おしろい》」が原因とも考えられる。白粉は水銀や鉛を原料としていたので、母体も胎児も、また乳児もその毒に侵されたのではないだろうか。鉛が白粉に使われだしたのは幕末になってからといわれるが、それ以前は水銀が使われていた。古代日本の最大の水銀産出地は、三重県の「丹生《にう》」で、東大寺大仏の鍍金《ときん》(めっき)にも使用された。その後、水銀は高級な「伊勢白粉」に使われ、この地に莫大な富をもたらしたという。

こんな話がある。ふだんは百姓仕事をしている八王子槍組千人同心と呼ばれる武士たちは、十年に一度、交代で日光勤番といって一年間、東照宮のある日光山の火事警戒に出向いていた。亭主のいないこの期間、女房たちは貯め込んだへそくりを投じて高級な「伊勢白粉」を買った。伊勢白粉の原料は精製した辰砂《しんしゃ》で、水銀と硫黄の化合物であるが、女房たちはそれが堕胎薬になることを知っていたという。

つまり、延びがよく、色もいいので化粧品として買うのではなく、亭主のいない一年間を楽しむためにへそくりを投じたのである。

こういう高級白粉を、大奥の女たちが使っていたことはほぼ間違いないように思われる。奉公に上がった十五、六歳、あるいはもっと若いころから胸のあたりにまで塗りこめていれば、どうなるか。お手つき御中﨟、すなわち側室から生まれる子、あるいは乳母の乳を吸う子らへの影響は計り知れないだろう。実際、歴代将軍のもうけた子らは成人するまで育つ子は少なく、本当によく亡くなっている。前述のように、子だくさんで知られる十一代将軍家斉《いえなり》の場合、もうけた子女五十五人のうち、十五歳まで生き残ることができたのは二十一人で、四十歳を越えることができたのは七人、この中の一人が十二代将軍家慶《いえよし》である。

このように、いくら子をもうけても生き残れる子は少なかったのである。

側室の夜の迎え方

「奥泊まり」というのは、将軍が大奥で御台所や側室と寝所を共にすることである。将軍は大奥に泊まるときには着流しで、脇差しだけであったようだ。小姓を連れて、中奥から大奥へ通じる御錠口へ。御鈴番が「ちりん」と鈴を鳴らす。それが合図で、大奥側の御鈴番が重い杉戸を開ける。千人とも二千人ともいわれる「女の館」に入れるのは将軍ただ一人。御鈴廊下を歩いて、御台所あるいは側室の待つ御小座敷へ向かうのである。

では、側室の夜の迎え方はどのようなものなのだろうか。

今夜は将軍の奥泊まりということになると、宵のうちに中奥から御錠口番に連絡があり、御年寄に伝えられる。将軍お気に入りの側室は予《あらかじ》め御年寄に告げられているので、指名された側室は準備を始める。まずお風呂で体を清める。そのとき係の女中が二人がかりで側室の体を糠袋《ぬかぶくろ》で磨き上げる。それから化粧。髪は櫛巻《くしま》きにする。

準備をすまし、将軍のやってくる一時間ほど前に御小座敷に向かう。このとき長局の廊下を白無垢《しろむく》姿で、御用係の御中﨟より二メートルほど先を歩いていくので、長局の他の女中たちにも、それとわかるという。そのため嫉妬や妬みから、陰で「汚れたお方」などと呼ばれてしまうのである。

御小座敷には世話親の御年寄が待っていて、髪をほぐされる。凶器や、将軍への取りなし、政治的な意図のある手紙などが隠されていないかをチェックされる。それがすむと髪が結い直され、将軍のお成りを待つのである。

寝室を政治利用した側室

ところで寝所でのこんな話がある。いわゆる「柳沢騒動」である。五代将軍綱吉《つなよし》は寵愛する側室から寝物語でねだられて、「柳沢吉保《やなぎさわよしやす》に百万石を与える」と書いたお墨付きを与えた。それを知った老中たちは驚きあわてるが、お墨付きどおりになる前に綱吉が急死、事なきをえる。じつは側室は柳沢の愛妾であったという。

幕府はこれに懲《こ》りて、こうした弊害——寝物語で人事に口を挟んだり、親族の登用をおねだりしたりするのを防ぐため、のちに「お添い寝役」をもうけるのである。人がそばにいては、おねだりもしづらいだろうと考えたのである。

結果、こんな具合である。寝所の中央に敷かれた将軍の布団《ふとん》の左側に、お添い寝役

徳川家斉

の御中臈の床が敷かれた。それだけではない。御用の御中臈の布団が将軍の右隣に、その右隣には御伽坊主の床が敷かれた。しかもお添い寝役は、同じお手つき御中臈に務めさせたというから、お添い寝役の苦労は容易に想像できる。

そのお添い寝役と御伽坊主は一晩中眠らずに聞き耳を立てていて、その夜の一部始終を翌日、御年寄に報告しなければいけない。

そんな環境下で「合い床」、つまり同衾《どうきん》するのだから、将軍にしても側室にしても気が気でなく、励めなかったのではないかと、よけいな心配をしてしまう。平常心ではいられないと思うのだが、それにしても十一代将軍家斉はよく励んでいる。側室は伝えられているだけで十六人、非公式には四十人いたともいわれるが、五十五人の子を生ませている。将軍在位が長いこともあって、加齢にしたがい神経が図太くなるのだろうか。

将軍亡き後の側室はどうなったか

　ともかく側室という存在はどんなに寵愛《ちょうあい》されても、その立場は常に危ういものである。いつ将軍の興味の対象が変わるかもしれないからだ。また、将軍のお相手をする期間にも限界があった。

「お褥《しとね》お断り」「お褥御免」といい、御年寄に申し出て、将軍との性生活を辞退しなければならない年齢が三十歳であった。これは御台所も同じで、もはや年をとりすぎて丈夫な子を生めなくなったという意思表示であった。当時の高齢出産は、今と違って母子への危険度がとても高かっただけに、それを防ぐためでもあったようだ。三十歳をすぎても申し出なければ、ほかの奥女中たちから「好女《すけべえ》」といって蔑《さげす》まれたという。以後、彼女たちは「陰事」すなわち性行為とは一生無縁に大奥で過ごす。大奥を出ることはできない。将軍の子をもうけていれば、子どもと大奥で暮らせるが、そうでない側室は奥女中としての一生奉公が続く。

　また将軍が死去すれば、「落飾《らくしょく》」といって剃髪《ていはつ》し、比丘尼《びくに》となって二の丸か三の丸、あるいは桜田御用屋敷に隠居し、将軍の菩提《ぼだい》を弔《とむら》う生活に入らなければならない。

　桜田御用屋敷というのは、江戸城を出て、日比谷御門のほうへ行ったところにある。敷地の広さが約一万二千坪あったという。その中に独立家屋が十一戸、割長屋《わりながや》が二棟、棟割《むねわり》長屋が二棟ある。独立家屋のうち五戸は、大奥の高級奥女中、キャリアが休息、ないしは養生するためのもので、あとの六戸は御庭番家筋の旗本にあてがわれている官舎であった。

また側室は重い病気にかかろうとも、宿下がりができない。二の丸や桜田御用屋敷にある養生所で養生するしかなく、その甲斐なく死んでも生家には戻れない。葬儀は桜田御用屋敷で執り行うからだ。

側室が、生涯大奥で自由にふるまい続けるには、将軍世子を生んで将軍生母となるほかないのである。生母となれば、将軍の代替わりがあっても、大奥における権勢を失うことはなかった。

したがって大奥に奉公する女たちの最高の勝利は、将軍の寵愛を得て丈夫な将軍世子を生み、その子を将軍職に就けることであった。それだけに互いのお付き女中たちを巻き込んで、寵愛の奪い合いを起こして陰湿な対立をすることも多かったのである。

第二章　天璋院篤姫——大奥の大輪

幕末まで大奥に君臨しつづけた篤姫

江戸時代末期、天璋院篤姫《てんしょういんあつひめ》と皇女和宮《かずのみや》はともに御台所《みだいどころ》（将軍の正室）として、江戸城明け渡しの日まで、大奥という「女だけの館」で精一杯に生きた。だが二人とも自ら望んで将軍家に輿入《こしい》れをしたわけではない。政治上の策略から大奥に送り込まれた身である。当時の女性は、いわば「政治的な資産」と考えられていた。

十三代将軍家定《いえさだ》に二十一歳で嫁いだ篤姫は、もとは武家の娘である。いっぽう十四代家茂《いえもち》に十七歳で嫁いだ和宮は、当時の天皇、孝明《こうめい》天皇の妹である。

篤姫は若くして家定と死別し、剃髪《ていはつ》して天璋院と称した。そこへ皇女和宮が家茂の正室として輿入れをし、二人は若くして姑と嫁の間柄となる。そこから確執が生じる。

数年後、若い和宮も家茂を病で失い、剃髪して静寛院宮《せいかんいんのみや》と称す。

二人とも夫との生活は数年で、とても短い。その短い間に気持ちを寄せ合い、溶け合わせる時間を持つよう力を尽くすが、大奥での暮らしはけっして幸せとはいえない。

なぜなら、大奥を取り込んで、大奥を栄養のようにして生きるたくましい奥女中たちの「御所風」への反感と、京の女官たちの「武家風」への嘲《あざけ》りから生じる争いに巻き込まれるからだ。そのうえ崩壊の危機にある幕政に利用され、翻弄《ほんろう》される。

だが、篤姫は持って生まれた身の丈リズムを調整しつつ、与えられた大奥人生を切り開いていこうとする。いっぽうの和宮は自分のリズムをなかなか崩そうとしない。

そんな二人のあいだに生ずる確執は、剃髪してのちも続き、安らかな日々をもたらしてくれない。

幕末という激動する時代のなかで、覆《くつがえ》すことのできない運命を諦《あきら》めずに、二人はどう生きたのか。二人が残した痕跡《こんせき》を追ってみたい。

天璋院篤姫

「お手水どころ」習慣に慣れるまで

篤姫が十三代将軍家定の御台所として江戸城大奥の内玄関にあたる御広敷《おひろしき》に入ったのは、一八五六（安政三）年十一月半ばごろである。

篤姫はけっして身分の高い女性ではない。そのことは大奥のお便所習慣になじめなかったことからもわかる。

大奥にある御台所用の「お手水《ちょうず》どころ（御用所＝お便所）」は、ほかの奥女中たちのものとは作りがまるっきり違う。何年も汲み取る必要がないくらい、およそ十数間（十八メートル以上）ほど深く掘られている。一生分に近かったので「万年」と呼ばれていた。万が一満杯になれば新しく掘ることになっているので、その排泄物《はいせつぶつ》は人目に触れることがない。また、絶えることなく練り香が焚かれている。臭い消しである。

用を足すところの広さは、二畳（江戸間一畳＝五尺八寸×二尺九寸＝約百七十四×八十七センチ）ほどの畳敷きで、真ん中に縦二尺五寸（約七十五センチ）、横六寸（約十八センチ）ほどの「落ち口」の縁取りがはめられている。この二畳の便所との境に仕切りがあって、同じ広さの畳敷きがある。

ここに、御台所付きの御中臈《おちゅうろう》が待機する。御台所のお尻の始末をするためだ。将軍や姫たちも同じである。用を足したら合図を送り、お尻を突き出して高級な吉野紙で拭き取ってもらう。だから身分の高い者たちは、どんなときにでも、たとえ生理のときにでも、お供の者にお尻の始末をしてもらうのは当たり前のことで、そのことを嫌がらない。そういうお便所習慣に慣れているからだ。

こういう話がある。側室の場合、将軍のお手がついて将軍世子《せいし》を生み、将軍家の家族待遇を受けるようになると、もともと身分がさして高くないので、大奥のお便所習慣になじめず、お供を連れて入らないお部屋様もいたという。

側室ではなかったが、篤姫もまたお便所習慣にとまどい、慣れようと努めたようだが、生理のときにはお供を連れて入らなかった。そのため篤姫の身分はさして高くなかったといわれるのである。

薩摩藩主の養女に出される

篤姫は薩摩の島津家の分家のひとつ、島津忠剛《ただたけ》の娘・於一《おかつ》（一子《かっこ》とも）として、一八三六（天保六）年十二月十九日に生まれた。

生家の女中によると、於一は生まれたときから大きな「ややこ」であったという。そのため、生母は出産にあたってだいぶ苦労をした。上の男の子三人は小さく生まれたので、産屋《うぶや》で弱音を上げることもなかった。安産だったのである。だが「今度ばかりは命をとられるかもしれない」と言ったというから、かなりの難産だったようだ。

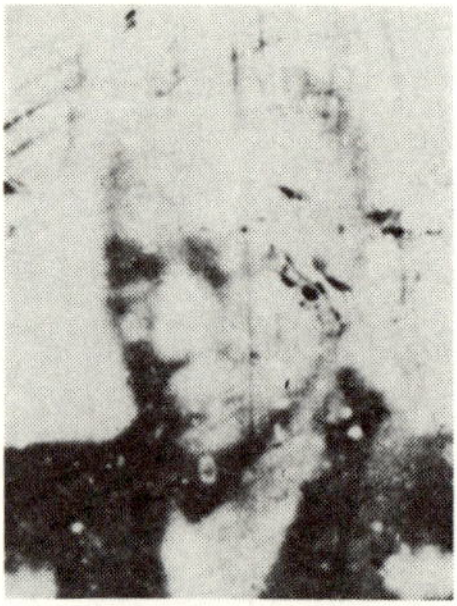
島津斉彬

だが、「於一が男なら……」と言われたほど、体の弱い兄たちをしのいで体格もよく、丈夫で、めったに病に伏せることもなかった。

また、勝ち気で好き嫌いがはっきりしているうえ利発で、容色のいい娘であった。於一を幼いころから見てきた女中によると、事あるごとに天性のすぐれた資質が見られたという。

一八四九（嘉永二）年一月、於一は父から「敬子《すみこ》」という成人名を与えられる。

その二年後、十六歳になった敬子は、本家の薩摩藩主・島津斉彬《なりあきら》の養女となった。

美《び》貌《ぼう》のうえに賢く、見栄えのする女性で、威厳も備わっていたというから、その存在感には重みがあったに違いない。また温和で忍耐力があり、人に接するのが上手であったと、養父の斉彬が絶賛していたそうだから、性格も良かったようだ。

そんな敬子を、斉彬が養女としたのには事情《わけ》があった。

当時、十二代将軍家慶《いえよし》の世子であった家定は、すでに二人の御簾中《ごれんじゅう》（将軍世子の正室）を亡くしていた。御簾中はともに公家《くげ》の娘であったので、病弱に思える公家の娘より、三人目は武家から迎えたいという思いが幕閣内と大奥にあった。

それで、「薩摩の島津家からどうか」という話になったようだ。

加賀藩をはじめ反対派の大名も少なくなかったが、薩摩藩島津家の世子である島津斉彬に娘がいれば、家定の御簾中に迎えてもいいとする様子が見られた。十一代将軍家斉も、島津家の娘（茂姫）を娶《めと》って御台所としていたからかもしれない。またずっと江戸育ちの斉彬が、親しい幕府要人や大大名——老中阿部正弘、松平春嶽《まつだいらしゅんがく》、徳川斉昭《なりあき》などから才能を買われていたこともあったようだ。

名目のため公卿の養女に

しかし、当時の斉彬の子たちは生まれてきてもことごとく早世する子女が多く、娘がいなかった。そのため斉彬は二十一ある分家の娘たちのなかで、もっともふさわしい娘を養女にし、自分の娘として大奥に送り込もうと考えたのである。

一八五一（嘉永四）年二月、ようやく四十三歳で薩摩藩主となった斉彬は翌三月、初めてのお国入りをする。

薩摩に戻った斉彬は分家の娘、敬子のすぐれた資質に目を見張る。敬子は和歌や仮名書きの草紙類でなく、漢文体の史書のたぐい、とくに『日本外史』を好むという。そんな利発で向学心のある敬子に着目し、養女としてもらい受けることを決める。『日本外史』といえば、頼山陽《らいさんよう》の著した史書で、源平二氏から徳川氏にいたる武家の興亡を各家別に記して、名分を守った者、すなわち勤王者を称賛している。

そういう史書を女だてらに好む敬子は、大奥へ送り込むには打ってつけの女性と映ったのである。

ところが、大奥では公家の名家の娘であっても上臈御年寄《じょうろうおとしより》を務めている。つまるところ、大奥の女中である。武家の島津家から直接、養女を将軍家に輿入れさせても、御部屋之方（側室）相当かもしれない。先例でもいったん公家の近衛《このえ》家の養女とし、それから十一代家斉の元へ輿入れさせている。ならば、

（公卿のところへ養女に出し、そのうえで輿入れさせるのが得策ではないか……）

また反対派を納得させるためにも、公家の肩書をつける必要があるかもしれない。

そう考えた斉彬はみずから筆をとり、自分と親密な関係にある京の公卿、近衛忠煕《ただひろ》に養女の件を認《したた》めた書簡を出す。折り返し、忠煕から快諾の返書がくる。

忠煕は、まず養女を「実子」として幕府に届け出るよう、斉彬に勧めた。忠煕によ

れば、幕府は斉彬の養女を近衛家の養女とすることを許可しない。だが養女を斉彬の実子として届け出ておけば、先例があるので、近衛家に養女として出すことが認められる。そのうえで将軍家への輿入れを考えるのがいいという。

こうして斉彬による敬子の大奥送り込み工作が、内々にだが着々と進められていく。

両家には、それぞれの思惑があった。

この時期、薩摩藩は密貿易によって莫大な利益を上げているという噂が出回っていた。実際に十分な経済力を蓄えていたので、外様《とざま》大名の薩摩藩と幕府との間柄は親密さが薄れて、ぎくしゃくとした空気さえ漂っていた。それは藩主の斉彬にとって都合の悪いことであった。

そこで、こう考えたようである。

(島津家の娘が将軍家と縁続きになれば、特権的な地位が手に入り、幕府は良からぬ噂を黙認するだろう……)

いっぽうの近衛忠煕も、将軍家と縁戚関係になることの利益をよく承知していた。将軍家を後ろ盾に、朝廷で力をふるえるだけでなく、岳父として江戸に呼ばれ、さまざまなぜいたくにも手が届く。また、家定の先の二人の御簾中は、鷹司《たかつかさ》家と一条家の出身である。つまり、近衛家としては他家に二度までも輿入れの機会を奪われている。そこで、こう考えたようである。

（今度こそはたとえ養女の形であっても、近衛家から輿入れさせたい。斉彬の養女を近衛家の養女とし、そのうえで家定の三番目の御簾中として大奥へ送り込みたい……）

老女幾島による徹底したお妃教育

一八五三（嘉永六）年三月、薩摩の鶴丸城（鹿児島城）に入った敬子は、斉彬と親子固めの盃を交わし、正式に養女となった。このとき十八歳である。斉彬から名を「篤子《あつこ》」とあらためるよう言われ、「篤姫」と称されることとなる。

同年三月、斉彬は篤子を「実子」として幕府に届け出た。幕府保有の諸大名の系図にそのとおり記録された。このとき斉彬は、親しい老中の阿部正弘などには真実、すなわち養女であることを打ち明けて協力を頼んでいる。

自由恋愛などままならない武家の娘というのは悲しいもの。与えられた運命のままに生きていかなければならない。

篤姫は鶴丸城でほぼ六ヵ月、容易ならざる日常を送ることとなった。斉彬が江戸表の薩摩屋敷から国許へ呼び戻した幾島《いくしま》という奥女中（御年寄＝老女とも呼ぶ）から毎日毎日、徹底した「お姫様」教育を受ける。幾島は、江戸屋敷の奥向きをみごとに取り仕切った、すぐれて老練な、額にみごとな「こぶ」のある奥女中であったという。その彼女から行儀作法だけでなく、島津家の歴史はもちろん、徳川家のそれも、大奥のしきたりも学ぶ。心安らかな日のない厳しい毎日であったようだ。自由は何ひとつなく、お便所への行き帰りにも女中が付いてくる。それもこれもいずれ大奥へ上がることへの心がまえであることを、このときにはもう知らされていたので、勝ち気な性分で、学問好きでもある篤姫は弱音を吐くことはなかった。

けれども篤姫は、自分の夫となる家定がすでに三十歳とは耳にしていたが、これまで正室がいたのかどうかもわからない。まして自分は三人目の御台所候補などとも知らされていなかったのである。

とにかく、こうして一回り年上の家定の正室として輿入れが決まるのだが、篤姫は三年半も待たされることになる。

諸大名のなかにはまだ反対する者が多く、協力者を増やして機が熟すのを待たねばならなかったからだ。それに徳川政権をゆさぶる国内外の問題が生じていたからでもある。

政略結婚というのはもともと犠牲のうえに成り立つものとはいえ、とても冷酷非情なものだ。けれども篤姫は与えられた運命を受け止めて、そのうえで自分の人生を切り開いて、精一杯に生きようとする。

人には持って生まれた美徳というものがあるというが、篤姫の美徳は大奥においても奪われることなく、かえって磨きがかけられる。降りかかる災難も不幸も、生きる活力に変えていく。そんな気性の強さ、たくましさが篤姫の生き方には見られるのである。

篤姫の夫・家定は側室の子

将軍の正室というのは、江戸幕府前期のころから、宮家あるいは公家の娘を迎えることが慣例となっていた。家格の高い公家から正室を迎えることは、将軍家にとって他の大名家に家格差を見せつける格好の手段であった。それゆえ正室の実家に将軍家の格式を保つだけの格があればよかった。また幕府にとって朝廷、公家はめんどうな存在であり、いつもこれを懐柔しておく必要があったので、それとの縁組みはこの上なく都合のいいものであった。

けれども公家の娘を正室として迎えても、形式上の夫婦にすぎないという認識があったので子女をもうけることは少なかった。

つまり夫婦関係はよそよそしく、心の溶け合いもなく、夫婦の営みはなかったに等しい。

けれども六代将軍家宣《いえのぶ》のころから、夫婦関係が親密なものとなっていき、十二代将軍家慶のころには、正室とのあいだに子どもをもうける努力もするという、とても親密で実質的な夫婦関係が成り立つようになっていた。正室の地位は、将軍とのあいだにもうけた子どもが成長できずに没しても保証された。また側室の生んだ子どもでも正室の「御養い」となって、正室のもとで実母と実子の関係として育てられるようになった。そのため形だけの養母と養子の関係より親密なものとなり、その子どもが将軍ともなれば、将軍の母としての地位に就いて、大奥はもちろん幕府内でも権勢を振るえた。将軍が先に亡くなれば、江戸城の主の位置に立つ存在であった。

側室というのは将軍を思う気持ちが九で、将軍が側室を思う気持ちは一ぐらいだったという説もある。所詮、側室といえども奥女中扱いであり、その生殖機能に期待するだけで、丈夫な将軍世子を生みさえすればいいという考えである。だからその期待にこたえれば、側室の利益は身内にまで及んだ。男子を生んで将軍世子ともなれば、絶大な富と権威が手に入った。だからこそ側室ともなれば、「玉の輿」に乗ろうと活力や向上心という強さ、したたかさが顕《あらわ》れてくるのである。

二度も正室に先立たれる家定

それはさておき、将軍世子の縁組みというのは、当事者の意思とは無関係に、幼少のころに内々で行われてしまうのが普通であった。もちろん正式の婚礼は元服してからであるが、家定も、その父の家慶《いえよし》（十二代将軍）も、幼少のころに縁組みを果たしている。

家定は、家慶の正室（有栖川宮織仁親王《ありすがわのみやおりひと》の娘・楽宮喬子《さざのみやたかこ》）の子ではない。正室も子を生んでいるが、男子は夭折《ようせつ》し、女子二人はすぐに没している。その後は、実子に恵まれなかったのである。

家定は、父の側室である御中臈「お美津の方」を母として、一八二四（文政七）年四月に生まれた。ちなみに家慶も、十一代将軍家斉《いえなり》の側室が生んだ子である。徳川十五代のうち正室が生んだ子で将軍職を継いだのは、三代将軍家光だけだ。それ以外はみな側室の子か養子である。それだけ正室に子が授からず、生まれても成長するまでにいたらなかったのである。

家慶には側室が七人いた。その側室たちとの間にもうけた子どもは二十九人（男子十三人、女子十六人）といわれるが、多くは夭折し、成長したのは男子二人、女子二人であった。男子の一人が、四男家定である。もう一人が、一橋家の養子となって跡を継ぐ異母腹の五男慶昌《よしまさ》である。

四男家定の縁組みも、五歳のときに内約で決まっていた。相手は一つ年上の六歳で、関白鷹司政熙《たかつかさまさひろ》の娘・有君であった。

一八三一（天保二）年、九歳になった有君は関白鷹司政通《まさみち》の養女として家定に嫁ぐこととなり、江戸に下向して江戸城大奥の御広敷に入った。実際に婚礼が行われたのは、家定十八歳、有君が十九歳のときである。美人で、鼓などの遊芸に長《た》け、よく家定の相手をして夫婦円満であったといわれる。

しかし有君は疱瘡《ほうそう》を患《わずら》い、二十五歳で没した。その翌年、家定は左大臣一条忠良《いちじょうただよし》の娘・秀子を二人目の御簾中として迎えるのだが、秀子もまた翌年に亡くなってしまう。

この相次いだ不幸のため、公家の娘たちのあいだでは「死にたければ将軍家に嫁ぐとよい」などと、ささやかれたという。

篤姫はこの家定の三人目の正室として大奥に送り込まれる。だが、そのときすでに家定は将軍世子でなく、十三代将軍職に就いていた。そのため篤姫は御簾中ではなく、御台所として迎えられる。

相手は将軍世子と聞かされていた篤姫にしてみれば、いきなり御台所という立場での輿入れは、御簾中という嫁の立場のそれより重たかったかもしれない。だが、利発な篤姫はみごとに「御台所」をやってみせるのである。

神経質な将軍家定の人間像

家定は、篤姫と違って生まれつき病弱であった。見るからに弱々しく、また癇症《かんしょう》が強く、「癇症公子」とも呼ばれていた。こめかみには、みみず腫《ば》れのような癇筋があったという。妙なクセもあって、やたらに首を振ったり、体をぴくぴく動かしたりしていたそうだ。神経症的なところがあったようだ。

また性的に不能、すなわち子づくりという行為ができなかったともいわれる。「お志賀の方」という側室が一人いたが、子はいなかった。ちなみにお志賀の方は御三の間から側室になり一挙に御中﨟に昇進した大奥女中で、「きれいとはいえないが、きれいに見える、とくなお方」と、大奥の女中たちからいわれていたという。

家定の小姓を務めた者の話によると、家定は「疵癪」が強く、挙動にも尋常ではないところがあった。「疵」には、キズとか欠点、「癪」には腹が立つなどの意味がある。

欠点が多く、すぐに腹を立てる性格――そんな感情の起伏の激しい自分に気づいていたのだろうか。ごく親しい者以外、会うことを嫌い、その小姓以外とはあまり口をきかなかったそうだ。

幼児的なところもあった。江戸城の庭にいるアヒルを子どものように追い回していた。また当時の男としては珍しい趣味があった。ちょっとした料理好きで、豆や小豆などを煎《い》っては側近たちに与えたり、野菜を切ったり煮たりするのを唯一の楽しみにしている。ひとりで饅頭《まんじゅう》やカステラを作ることもあったそうだ。

棚上げされる篤姫の縁組み

そんな家定でも、父である十二代将軍家慶が六十一歳で死去すると、一八五三（嘉永六）年十一月、十三代将軍職に就いた。このとき三十歳である。

いっぽうの篤姫はこのとき十八歳で、家定が将軍職に就く三ヵ月ほど前の八月に島津家の「実子」から、形式的に近衛家の養女となっていた。名目だけとはいえ、養女のそのまた養女という身分はあまり気持ちのいいものではなかったに違いない。

同月二十一日、篤姫は薩摩から江戸への長旅に出立した。薩摩にいる斉彬が、篤姫の輿入れの件で老中の阿部正弘と幾度も書簡を交わした結果、とりあえず篤姫を出府させ、それから縁組みを実行させることを決めたからである。

翌年の春から江戸参勤をした斉彬は、福井藩主の松平にこうささやかれる。「島津殿の姫は正室には難あり、側室にどうかというお方がいる」

また老中の阿部正弘からは、「島津家から直接輿入れというより、近衛家の正式な姫として将軍家に入るのが望ましい」という話が出る。

そこで、かねて快諾を得ていた近衛家と、正式の養女縁組みの約束をし、布告した。

こうして幕府にも大奥にも、二人の縁組みに反対の意向がなくなり、内々にだがそれは既定の方針となった。だが、縁談はいっこうに進捗《しんちょく》しなかった。

家定の後継をめぐって幕府内に激しい争いが起こっていたからである。精神的にも肉体的にも問題を抱える家定に、政治的な指導力を期待するのはもちろん、子づくりを期待するのも明らかに無理があった。そのため政務は阿部正弘が水戸の斉昭や薩摩の島津斉彬と手を組んで行うこととなったが、家定の後継をめぐって幕府内が二派に割れて紛糾していたのである。

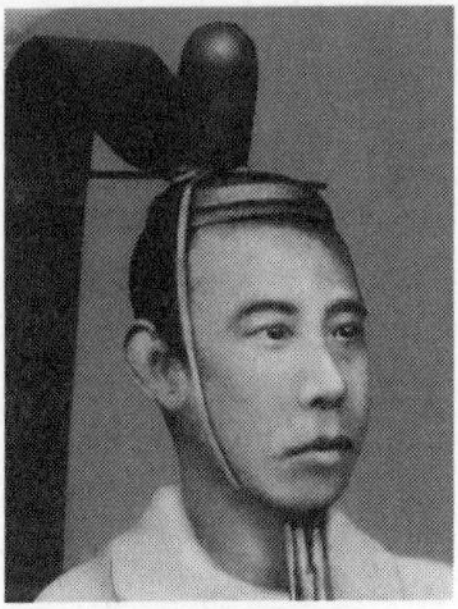
松平春嶽

じつは心身に障害のある家定の跡継ぎ問題は、家慶存命中のころから取《と》り沙汰《ざた》されていた。外国勢力の圧力という重要問題に直面していたからだ。家慶の死が現実となると、跡継ぎ問題が一挙に噴き出した。早急に家定の補佐ができる継嗣擁立が幕府の緊急課題となって、家定の継嗣を誰にするかで権力争いが生じた。

そのうえ幕府はこの二、三年、対処しなければならない重要問題に次々と追われており、とても家定の縁談どころではなかったのである。

混乱する内外事情

篤姫が斉彬の「実子」となったのは一八五三（嘉永六）年三月だが、六月にアメリカ使節ペリーが軍艦を率いて浦賀にやってくる。いわゆる「黒船の来航」で、江戸はもとより全国の動揺も激しく、てんやわんやの大騒ぎを起こした。同月二十二日には、十二代将軍家慶の病没。同年十一月二十三日十三代将軍家定の誕生（同時に継嗣問題で激しい対立が起こる）。翌一八五四（安政元）年の三月には日米和親条約の締結。それをめぐっての騒動。また同年十一月四日には東海道地震（安政東海地震）が起こり、翌日に南海道大地震（安政南海地震）が起きる。

翌（安政二）年の十月二日には江戸開闢《かいびゃく》以来の天災「安政大地震」が起きて、江戸市中四十ヵ所から火の手が上がり、四千人あまりの死者を出した。江戸の町の大半はつぶれたり、火災で失われたりした。江戸城の内部はもちろん、大名屋敷の被害も甚大であった。

こうした多事多難に加え、幕府内は家定の継嗣問題で分裂対立し、激しい争いを起こしていたのである。

まさに内憂外患であった。そのため篤姫と家定との縁談は棚上げされる格好になった。棚上げされたために、若い篤姫は御簾中という「嫁」の立場を少しも経験しないまま、しかも長い時日を費やしてのち、いきなり御台所として大奥に入ることになるのである。

前記したように、篤姫が江戸に下向したのは一八五三年八月二十一日であるが、斉彬の江戸参勤は翌年の春からであった。そこで篤姫の身辺を見守る役目が必要と考えた斉彬は、老練な奥女中、「こぶ」の幾島もいっしょに送り出していた。

その幾島から篤姫は報告を受けるたび、事情はよく飲みこめないまでも、いま日本中が容易ならざる状況にあることを理解したようだ。

安政大地震の翌年四月、薩摩へ帰国途中の島津家の家老が京の近衛家に立ち寄って、父娘（近衛忠熙と篤姫）の結定式を行った。いわば固めの式である。

こうして篤姫は公式の書類上でも忠熙の養女となったのだが、養女布告から一年が経っていた。

宿願かなってようやく将軍正室に

ようやく篤姫と家定の縁組みが成就したのは、斉彬が実子の届け出をしてから三年九ヵ月後、江戸に下向して三田の薩摩藩邸に落ち着いてから二年後、一八五六（安政三）年十二月十八日であった。

その間、篤姫が藩邸で「こぶ」の幾島から厳しい教育を受けたのは言うまでもない。まるで「叱言《こごと》婆さま」のようであったらしい。自分の意志など何ひとつ取り上げてもらえない。しかも将軍家に輿入れするという確かな言質《げんち》が与えられたわけではなく、その心がまえだけを叩き込まれたという。万一破談になった場合はしかるべきところに輿入れさせるという含みを得ているだけだった。それが斉彬の意向であったという。それだけ、篤姫の大奥送り込み工作は危ういものであった。

縁組みが決まると篤姫は、そのほぼ一ヵ月前に江戸城御広敷に入ったが、すでに家定は将軍職に就いていた。このとき篤姫二十一歳、家定三十三歳である。

いかに厳しい「御台所教育」を「こぶ」の幾島から受けたとはいえ、万事格式を重んじなければならない御台所より、最初は御簾中、すなわち嫁という立場で大奥に入ったほうが、大奥のしきたりになれるにしても、だいぶ気の休まる思いがしたのではないだろうか。

ともかく、こうして島津斉彬と近衛忠熙の宿願がかなうのである。

じつは家慶在世中から将軍世子暗殺の陰謀がもれ伝わってきて、家定の身辺にも幼少のころからとかくの噂が絶えなかった。それだけに、できるだけ早く篤姫を大奥へ送り込みたかった斉彬は「してやったり」と、しごくご満悦であったという。

縁組みが成就するやいなやの「跡継ぎ問題」

ようやく篤姫と家定の縁組みが成就したのは、内外の重要問題が解決した結果というわけではなかった。時日を費やしているうちに、島津・近衛両家の都合とはまた別の思惑が絡んできて、急遽《きゅうきょ》、二人の縁組みが必要とされたのである。

それにはこういう事情があった。前記したように、心身に問題を抱える家定の跡継ぎ問題が早くから論議されており、内々に選定争いが起きていた。

候補者には、一橋慶喜《ひとつばしよしのぶ》と紀州の徳川慶福《よしとみ》の二人がいた。

慶喜は水戸藩主・徳川斉昭《なりあき》の子であるが、将軍継嗣の資格のある「御三卿」のひと

徳川斉昭

つ一橋家の養子となっていた。聡明で英才の持ち主という噂で、十七歳という年回りでもあったので、慶喜に期待する幕閣や諸大名は多く、「一橋派」と称された。

いっぽうの紀州の徳川慶福はまだ八歳である。この慶福を推すものが「紀州派（南紀派とも）」と称された。生前の十二代将軍家慶や幕府の重臣、それに大奥も慶福を早くから推していた。

十二代将軍家慶の死が現実となって、家定が十三代将軍職に就くことになると、その跡継ぎ問題が一挙に噴き出し、幕府内は二派に分かれて対立、それぞれが工作を始めたのである。

幕末という激動の時代である。幕閣にしてみれば家定の政治的な補佐ができるような将軍世子が望ましい。

また将軍の跡継ぎ問題では、大奥の意向がとても重要である。なぜなら現将軍の生母をはじめ、将軍の心を左右するほどの影響力がある側室や御年寄たち——そういう女性たちが大奥にはたくさん存在するからだ。

一橋派では、松平春嶽（越前福井藩主）、徳川斉昭（水戸藩主）、島津斉彬（薩摩藩主）、老中の阿部正弘などが「慶喜擁立」の工作に動いた。

大奥では、慶喜を推す一橋派の阿部正弘は眉目秀麗、話術もうまく、頭のいい人物だということで、じつに評判がよかった。けれども徳川斉昭はすこぶる評判が悪く、嫌われていた。

というのも、かつて斉昭は、大奥は金を使いすぎると経費削減を唱えたことがあったからだ。どのくらい大奥が金を使っていたかというと、安政年間のころで、年間二十万両の予算だった。一両を八万～十万円で換算すると、八万円なら百六十億円、十万円なら二百億円に達する。大所帯とはいえ、財政難のおり、これだけの金を使っていたのである。

紀州「慶福」派と一橋「慶喜」派

大奥の女たちは当然のごとく、紀州の慶福の擁立を強く主張した。慶喜の父親が斉昭であるからだ。慶喜が擁立されれば、父親と同じように倹約の励行を唱えるだろう。そうなれば大奥の暮らし向きは窮屈になると考えたのである。

こういう話もある。水戸家の長子に宮家の姫が輿入れすることになった。そのさい、いったん徳川家の養女となってからという段取りになった。その姫がまれに見る美貌で、大奥は騒然となった。この姫を家定が気に入ったようなので、大奥では三人目の正室にと望んだが、水戸家の舅《しゅうと》である斉昭が激怒し、大奥の希望をはねのけた。のちに姫は水戸家で一女をもうけたあと、自害したという。その原因はいろいろ取り沙汰されたが、斉昭の絶倫と関係がなくもない、とまでいわれた。こうしたことも大奥の水戸嫌いを増幅させていたという。

とにかく斉昭の嫌われぶりは激しく、たとえば、家定生母（本寿院）はこう言ったという。「一橋殿が継嗣になれば、私はみずから死をえらぶ」

こうまで言い切るのは、斉昭があからさまに将軍家定の無能ぶりを公言してはばからなかったからである。

また、十二代将軍家慶付きの御年寄であった「滝山」も徹底した水戸嫌い、慶喜嫌いであった。ちなみに滝山は、篤姫の輿入れ後、その面倒を見ることにもなる御年寄である。家慶から慶喜まで四代にわたって御年寄を務め、大奥最後の御年寄といわれた人物までもが、のちに慶喜が将軍職を継いだときには「お暇を願い」出たほどである。

これほどまでに慶喜は大奥の女たちに忌避されたのである。

「慶喜擁立」を推した篤姫

そういう大奥に、紀州派は紀州家の附家老《つけがろう》・水野忠央《ただなか》を中心に積極的な働きかけを行った。

詳しくは第五章で詳述するが、こういう話がある。水野は自分の妹を前将軍家慶の側室として大奥に送り込んだ。彼女は「お琴の方」と称され、晩年の家慶の寵愛《ちょうあい》を集めて子をもうけたが、男子はいずれも早世したため、夢を果たせなかった。その夢を、兄である水野は「慶福擁立」で果たそうと考え、「お琴の方」を使って大奥の意向を紀州派にまとめさせたという。

水野は紀州家の陪臣《ばいしん》（家来）ではない。附家老というのは御三家をつくるとき、徳川家康から附属された後見役だ。したがって藩主が勝手に附家老の禄を減らしたり、彼を処分したりはできない。老中ではないが、老中に準じる「格」である。

ともかく、こうした大奥を巻き込んだ将軍継嗣の選定争いが起きていた。だから、篤姫の縁組みは単に島津家と近衛家の思惑だけでなく、「慶喜擁立」を望む老中の阿部正弘ら「一橋派」全員の意向となった。そして彼らはこう考えたのである。

（篤姫を一刻も早く大奥に送り込んで、家定に一橋慶喜の擁立を吹き込めば、一橋派を有利に導くことができる）

つまり、篤姫の輿入れは一橋派にとっては渡りに船の、都合のいい話となった。

こうして篤姫の縁談は、薩摩など外様の雄藩と組んだ老中阿部正弘の働きかけによって急遽進展し、成就したのである。

斉彬は篤姫が江戸城御広敷に入るさい、将軍継嗣問題のいきさつを説明し、家定の意向を聞き出すよう命じたというから、まさに篤姫を政略に利用したのである。

長年の宿願がかなった斉彬の喜びはひとしおであったという。そのせいだろう、篤姫が本丸の大奥に移るときにはみずから陣頭指揮をとり、その支度いっさいの調達を家臣の西郷吉之助（隆盛）に言いつけ、「金子《きんす》に糸目をつける必要はない」と、篤姫の衣服や道具類には十分すぎるほどの金銀を使わせている。

そこまでしてくれる養父の斉彬を、篤姫は神さまのように考え、養父の意向である「慶喜擁立」に当初は理解を示していたようである。

篤姫と家定の夫婦仲

御台所となった当初から、跡継ぎ問題をはじめとする政治に巻き込まれた篤姫であるが、そもそもの夫婦仲はどうだったのだろう。

当時、輿入れする姫君の性教育には「枕絵」を使っていた。枕絵とは、男女の情交のさまを描いた絵である。それを胸に差す「函迫《はこせこ》」に入れて、婚礼の前夜にお付きの老女が見せておくという。函迫とは、鼻紙入れのことだ。

篤姫もまた、そういう教育を事前に受けて、それを持参して輿入れをしたことだろう。

前記したとおり、篤姫は美貌のうえに賢く、体格もよくて存在感のある二十一歳の女性である。そのうえ、温和で忍耐力があり、人に接するのが上手な性格だ。

いっぽうの家定は神経症的なところがあって、子づくりという行為ができなかったともいわれる。

そんな二人の夫婦生活は、家定が死去するまでの実質一年半あるかないかというくらい短い。互いの性格をどう見て、どんな夫婦生活を送ったのだろうか。

婚礼の夜の寝所では、こんなことがあったそうだ。篤姫の手を取った家定の掌《てのひら》の冷たさは身震いするほどで、しかも家定は涙をしたたらせており、燭台《しょくだい》に照らされた顔は青白く、細くて小さく、今にも倒れそうなほど脆弱《ぜいじゃく》に見えたという。

篤姫の兄三人は小さく生まれ、体が弱かった。父もまた丈夫ではなかった。それだけに丈夫な自分が手助けしなければという気持ちが出てくるのは自然だったかもしれない。その夜、家定は「婚儀というものは疲れる。ゆっくりと休むがいい」というと、寝返りを打って、背を向けた。だがそれは不快ではなく、「可愛らしいお方」という印象だったという。

そんな篤姫は犬が好きで、なかでも狆《ちん》が好きであったというが、家定は犬嫌いであった。そのため篤姫は猫を飼う。だが猫を飼っていることを秘密にしていたようで、家定の大奥泊まりのときには隠していた。最初に飼った猫に「ミチ姫」と名付け、それが死んでしまうとお付きの御中臈の飼い猫が生んだ子猫を引き取り、「サト姫」と名付けて可愛がった。サト姫は畳の上には寝ないで、篤姫の裾の上で寝たり、また猫専用の布団があって、そこに寝たりしていたという。

このように篤姫は、家定の性格を飲み込んで、好きな犬を飼わずに猫を飼った。その姿勢に、家定との結婚生活を良好なものにしようとする意思を見てとることができる。

そういう心遣いを、いろいろな面でしたに違いない篤姫に、家定の神経が癒され、そのうち心も耕されたのではないだろうか。

実際、夫婦仲は良かったといわれる。こんな話がある。料理好きの家定が、薩摩の黒砂糖を使ってカステラを作り、寝所に持参して篤姫にすすめたことがあったという。

若い篤姫の美貌と性格の良さ、とくに忍耐強く温和な性格が、心身に障害を抱える家定を癒し、夫婦関係に良好な効果を上げていたのかもしれない。

そうであるなら、跡継ぎができるかどうかは別問題として、家定は篤姫と気持ちを溶かし合う時間を持つことができたのではないだろうか。

性的に不能な将軍家定

こういう話がある。篤姫の説得による慶喜擁立を大いに期待していた一橋派の松平春嶽が、その工作をはやると、島津斉彬はこう伝えたという。「本当のところはよくわからないが、内々にうかがったところでは、夫婦の間柄も良く、このうえは、若君の誕生を待っているとのことを、大奥では申している様子。そんなところへ、養君のことを申し出ても、請けはどうだろうか。せっかく申し出て、ご機嫌を損じれば、かえってあとの障りになるかもしれないと思う」

しかし、こういう話もある。祖先などの忌日は精進日にあたるので、将軍の大奥泊まりは厳禁である。そのため大奥泊まりができるのは月に十日もなかった。そういうなか、家定の大奥での泊まりは、月に二、三回であった。しかも側室も一人とはいえ、いる。また、お互いの体調の善し悪しもある。

したがって、その回数では芯から気持ちを溶かし合い、信頼性を高めるまでの関係をつくれなかったかもしれない。もちろん回数が多ければつくれるとはかぎらないが。

だが、もし家定が性的に不能で夫婦の交わりというものができない場合、篤姫にとって枕絵教育はむごいことであったろう。

実際のところは「お褥《しとね》」にあがった二人にしかわからないことである。だが、ひょっとすると家定には、賢く明るく丈夫な篤姫の主導によって子づくり行為を期待するところがあったかもしれない。篤姫もそれを、家定との接触における知覚体験から察知していたかもしれない。人は家定を愚鈍とそしるけれども、とても鋭い嗅覚を持っている人だと、篤姫は知覚体験からとらえていた節があるからだ。そうであるなら、よけいに篤姫は継嗣擁立の話を持ち出しにくかったことだろう。

若くて美しい新妻。そのうえ温和で賢い新妻が、他人の子を跡継ぎにしましょうなどと夫に言い出せば、夫はどう思うだろう。自分たち夫婦の営みを拒否する話に聞こえてしまう。国内外の現実問題も含めて、よほど上手に説明しないかぎり、逆効果になってしまう。とにかく「疵癪が強く、挙動にも尋常ではないところがある」家定なのだから。

また、篤姫は家定に見初《みそ》められて輿入れした正室ではない。大奥に入るまで、お互い顔も知らなかった仲なのである。

篤姫が政略的に送り込まれた女性であることを、大奥で知らない者はいない。その大奥は慶喜の父斉昭に反感を抱く女たちばかりで、皆が皆、慶福の擁立を望んでいる。

そういう環境にあっても篤姫は、養父の斉彬に命じられたとおり、自分は慶喜擁立を力説すると、島津側には伝えている。

世継ぎ問題に対する篤姫の考え

こんな話がある。一橋派と紀州派の対立が激しさを増していくなか、島津斉彬の家臣・西郷吉之助（隆盛）は江戸の薩摩藩邸の御年寄を使って、篤姫付きの御年寄にも慶喜擁立の運動をさせた。その御年寄から篤姫の意中を伝える書状が届いた。それによれば、紀州家の附家老・水野忠央は大奸物《だいかんぶつ》（悪知恵の働く心の曲がった悪者）であること。篤姫は慶喜擁立を将軍に言上《ごんじょう》する考えであること。また本寿院（家定生母）に対してもそれを力説するということであった。

力説する気持ちがあっても、できなかったのではないだろうか。夫婦仲が良ければ良いほど、言い出しにくくなるだろうし、たとえそれを上手に口にできたとしても、家定の心ははたして動いただろうか。

こういう話もある。家定は男女の語らいもできないという「噂」は、下々のところにまで知れ渡っていたという。斉彬は、そのことはもちろん、子づくりが可能でないことも承知していたかもしれない。知っていて黙って若い篤姫を輿入れさせたとも考えられる。

あるいは実際そういうことはできないと、それとなくわかるように、篤姫に言って聞かせていたかもしれない。そうであるなら篤姫は、女性としての自分をすべて捨てるという覚悟で江戸城に入ったとも考えられる。

むごいことではあるが、それなら慶喜擁立を口にできたかもしれない。

けれども、家定に接触するうちに斉彬の仕打ち、すなわち性的不能とわかっている相手に若い自分をあてがったことに無性に悲しさや腹立たしさが頭をもたげてき、慶喜擁立など言上する気持ちが失せてしまったとも考えられる。

いずれにしても、表では一橋派の慶喜擁立工作が着々とすすめられていくのである。

将軍正室という立場にある篤姫に入ってくる情報はかぎられている。表で何が起きているのかなかなかわからない。

とはいっても大奥での出来事は、大奥女中の口から口に伝わって耳に入ってくる。

篤姫が紀州派の水野忠央を「大奸物」と言ったのも、輿入れをしたあと、忠央がしていたことを信頼できる筋から聞いたからではないだろうか。また自分の輿入れする前年に、忠央の妹の「お琴の方」（第五章参照）が大奥出入りの大工と密通し、自害したとも、忠央に手打ちにされたともいわれる謎の死を遂げていることも、耳にしたことだろう。

それはさておき、表の慶喜擁立工作は順調にすすんでいくように思われた。ところが事態はまたもや急変するのである。

井伊大老の主張で事態急変

篤姫が輿入れして半年後の翌一八五七（安政四）年六月、思いがけないことが起きる。慶喜擁立には杖とも柱とも頼む一橋派の老中・阿部正弘が三十九歳で急逝した。さらに溜間《たまりのま》詰めの彦根藩主・井伊直弼《いいなおすけ》がこう主張する。「将軍の継嗣は将軍に最も近い血統の人間であるべし」

血統からいえば、たしかに十一代将軍家斉の孫である慶福であった。その慶福の擁立が道理にかなっているとしたのである。「溜間」とは、諸大名が江戸城本丸に登城したさいに詰める「控えの間」で、その中で最も格式の高いのが「詰めの間」である。直弼はその中心的な人物であった。

その直弼が翌年四月二十三日、大老に任命された。大老は老中よりも上位で、将軍を補佐する最高位の職名で、いわば将軍の名のもとに、一人で幕政全般を専断できる最高責任者である。

老中阿部正弘の生前からはもちろん、現将軍の幼少のころからこれまでにいたるまでずっと継嗣問題で熾烈《しれつ》な争いがくすぶっていたが、直弼の大老就任によって紀州派はいっきに有利に立つこととなった。

直弼を大老に任命したのは、家定の意思だったと思われるこんな話がある。ある日、老中が「松平春嶽に大老を仰せ付けられては」と上申した。すると家定はこう述べたという。

「直弼の家柄は大老を出す家柄であり、すぐれた人物でもある。井伊直弼を差し置いて、松平春嶽に仰せ付ける筋はない、直弼に仰せ付けるべきである」

次いで五月一日、家定は大老・井伊直弼と老中に対し、慶福を将軍家の養子にして跡継ぎとする旨を言明したという。

これは「疵癪が強く、挙動にも尋常ではないところがある」家定の意思ではなく、生母本寿院の説得や紀州派の工作があって、ただ従っただけとも考えられる。

だが、こうも考えられる。天皇家にとって皇室の使命は皇室を存続させることで、「血」はそのためのものだ。いわば生きた「バトン」みたいなものである。それと同じように家定には考えられたのではないか。そうであるなら、将軍継嗣は将軍に最も近い血統の人間であるべしという直弼の主張も納得のいくものであったろう。

あるいは、そう直弼に説得されたのかもしれないが、家定に政治的な指導力がまったく欠けていたわけではないように思える。

それに、輿入れしてきて間のない若い篤姫に、家定の意向をまげるだけの力が蓄えられていたとは思われない。篤姫がその話を持ち出しても、斉彬の「実子」と承知していただろう家定は、幕閣内の対立を知覚しているだけに不機嫌になって癇癪を起こし、こめかみに青筋を立てたかもしれない。

家定の早すぎる死

ともかく、将軍継嗣の問題は急速に解決をみる。六月一日、幕府は御三家以下溜間詰めの諸大名を集めて、将軍継嗣を血統の中から立てることを告げ、朝廷にも上申した。次いで六月二十五日、十三歳の慶福を将軍の養嗣子（家督を継ぐ養子）とすると公式に発表した。

結局、篤姫は一橋派の慶喜擁立に利用されたものの、役には立たなかったのである。

こうして一橋派は敗退し、紀州家の慶福が名を「家茂《いえもち》」とあらためて江戸城西の丸に入った。

いっぽう、これまで病床にあった家定は養嗣子発表の翌七月、容態を急変させて、急逝した。在位わずか五年、三十五歳でこの世を去った。

事態の急変はさらに続いた。その十日後、篤姫の後ろ盾だった養父の島津斉彬が五十歳で没したのである。

十八歳で生家を出て以来、薩摩の鶴丸城、江戸藩邸を経て、ようやく大奥に入ってから二年目、正確にいえば一年七ヵ月、大奥のしきたりや事情はもちろん、家定の性格を飲み込んだであろう矢先の、夫の死であった。

しかも、その死を知らされたのは一ヵ月もあとのことだった。夫婦でありながら夫の最期を看取《みと》ることもできず、きわめて事務的に知らされた口惜しさに、篤姫は御台所の権限のなさを嘆くことしかできない。

（いったい、自分は……）

思えば、我が身のおかれた境遇の中で、自分をいちばんよく理解してくれたのは、家定ではなかったのか……。

その家定を失った篤姫は、落飾《らくしょく》（剃髪して尼僧になること）して天璋院と称した。こうして天璋院篤姫は本丸の大奥を出て、西の丸に入ることになる。

二十三歳という若さで髪をおろして女の一生を終え、以後は生涯、西の丸で夫の位《い》牌《はい》を守って生きていくという、寂しい境遇になるかのようにみえた。

ところが、そうはならないのである。西の丸には名を家茂にあらため、十四代将軍となった十三歳の慶福がいる。天璋院篤姫は将軍家茂の養母となったのである。そのためしばらく西の丸にいたが、一八六〇（万延元）年十月、大奥の取り締まりにあたるため、再び本丸に移るのである。

このとき篤姫二十五歳。その表情は素直に生き生きと輝いていたに違いない。

家定の死によって、咲きかけた花は固く蕾《つぼみ》を閉じたかのように見えた。しかし、以後は将軍養母として重きをなし、千人とも二千人ともいわれる大奥の女中方を統《す》べて、幕末の大奥に花を咲かせはじめる。

そこに、しかし自分より十歳若い、生まれも育ちも異なる皇女和宮が家茂の御台所として輿入れをしてくる。二人は嫁と姑の間柄となるが、嫁（和宮）は内親王宣下を受けている身、姑（天璋院篤姫）よりも地位が高い。しかも和宮が嫁姑の関係に入ることを拒んだため、さまざまな軋轢《あつれき》が生じることになる。

また京方と大奥方の女中同士の対立、反目が生まれる。嫁側（和宮）の御所風と姑側（大奥）の武家風という「御風」違いから感情の行き違いが起こるからだ。

天璋院付きの奥女中は二百六十人、和宮付きは二百八十人いたという。そのお付き女中たちの微妙な対立にも二人は巻き込まれていく。

そのため、なかなか互いの気持ちを通じ合わせることができず、ますます二人のあいだに確執が生じるのである。

第三章　皇女和宮——篤姫との対立と反目

皇女和宮の降嫁理由

一橋派と紀州派による十三代将軍家定《いえさだ》の継嗣争いに決着をつけたのは、井伊直弼《いいなおすけ》の「将軍の継嗣は将軍に最も近い血統の人間であるべし」のひと言だった。その後、直弼は紀州派に押し立てられて大老に就任した。

敗退した一橋派の気力の落ちようは、傍目《はため》にもわかるほどであった。家定の跡を継ぐことになったのは紀州派の推す慶福《よしとみ》（のちの十四代将軍家茂《いえもち》）である。だが十三歳という若さのため、再び将軍補佐をどうするのかという声が挙がって、幕府内は紛糾する。

巻き返しをはかる一橋派は、同じ攘夷《じょうい》の意向で固められている朝廷に密かに働きかけを行って、再度、一橋慶喜《よしのぶ》の擁立を主張した。もともと孝明《こうめい》天皇をはじめ朝廷では、外国との通商に反対する者たちがほとんどで、中には群れ集まって攘夷を天皇に訴える者たちもいた。

一八五八（安政五）年六月、勅許《ちょっきょ》をまたずに日米修好通商条約が直弼の強権で調印されると、慶喜は登城して直弼を譴責《けんせき》した。また徳川斉昭《なりあき》ら一橋派も登城日でない六月二十四日、強引に城に押しかけて幕閣に直談判におよんだ。

そういう斉昭ら一橋派の面々に、大老の直弼は家定死去の前日（七月五日）、「上意」を盾に、すなわち将軍家定の命令によるということで、登城禁止や隠居謹慎を申し渡した。

これによって一橋派の活動は完全に止められる。これが「安政の大獄」事件の端緒で、直弼の政敵である一橋派や攘夷論者を一掃する行動の始まりであった。

そういう情勢下、一橋派の意向に傾いた朝廷は、家定が死去（七月六日）すると、翌八月、幕府と水戸藩に「幕閣の改造と慶喜擁立」の密勅を下した。内々に慶喜を、将軍補佐として擁立するよう命じたのである。

井伊直弼

これに対して大老の井伊直弼は、こう疑ったようだ。「水戸の徳川斉昭を中心とする一橋派がはびこり、朝廷を取り込んで幕府転覆を考えているのではないか」
そう疑ったのも無理がない。四年ほど前の正月、一橋派の島津斉彬《なりあきら》は参府の途中、京都の近衛《このえ》家に立ち寄って公卿らと国事上の意見を交換している。そのあと斉彬に、朝廷から御製《ぎょせい》（天皇のつくった詩歌）と宸翰《しんかん》（天皇直筆の文書）が届いている。これらのことを察知していれば、斉彬が一橋派とはかって幕府を倒し、新政府樹立という意欲を抱いていると考えたとしても不思議ではない。

安政の大獄のツケとしての皇女降嫁策

直弼は密勅が幕府に下ると急遽《きゅうきょ》、老中を京に派遣し、通商条約の勅許を無理やり求めさせた。また時を同じくして攘夷派の弾圧を開始、一橋派と目星をつけた役人を片っぱしから左遷した。

京都では攘夷派の公家《くげ》の家臣たちを威嚇《いかく》するとともに、長州、水戸の藩士ら四十人あまりを逮捕した。江戸では橋本左内《さない》らを捕らえた。また、老中の襲撃を計画したということで萩の脱藩士、吉田松陰《しょういん》を幽閉し、のちに処刑した。これが、いわゆる「安政の大獄」事件である。ちなみに薩摩藩士の西郷吉之助（隆盛）も幕府に追われ、京都清水寺の僧といっしょに薩摩に帰るが、国許に入ることを許されず入水、西郷だけが助かったという。

「安政の大獄」事件が吹き荒れるなか、十月二十五日、家茂と名をあらためた慶福が、十四代将軍職に就いたのである。

事件以後、幕府と朝廷の関係はますます悪化し、険悪な空気に包まれる。そのため「皇女降嫁策」が練り出された。

つまり、皇女と将軍の縁組みによって「公武」の仲の良いところを示そうとしたのである。皇女降嫁策は、関白の九条尚忠《ひさただ》の家臣・島田左近《さこん》の言い出しによるものだという。

九条は攘夷派で固められている朝廷内で唯一、幕府擁護派であった。その家臣である左近が朝幕間の融和をはかるためには皇女降嫁策が有効であると、内々に直弼の腹心である長野主膳《しゅぜん》に説いたのである。先に長野主膳の働きかけがあったともいわれるが、いずれにしても最初から皇女降嫁は政略的なものであり、仕組まれた縁組みである。

吉田松陰

この策を実現すべく直弼は工作を開始する。

ところで皇女降嫁策は、ほかでも練られていた。篤《あつ》姫《ひめ》を大奥に送り込んだ近衛《このえ》忠熙《ただひろ》も、京都所司代の酒井忠義《ただあき》と朝幕間の緊張緩和について話し合っている。そのときに忠熙は皇女降嫁を口にしているという。このときの忠熙は左大臣であるが、幕府の圧力によって失脚させられそうな危うい立場にあった。それだけに朝幕間の融和が必要だったようだ。

篤姫のときと同じで、政治上の策略のためには皇女も利用するという、冷酷な政略結婚の典型であった。

幕府による皇女降嫁工作

十四代将軍職に就いた家茂は、まだ十三歳である。

その家茂には、じつは紀州家にあったときから伏見宮貞教《ふしみのみやさだのり》親王の妹・則子との縁談がすすめられていた。将軍職を継いだために延期されたのだが、皇女降嫁策が急浮上したため、幕府は伏見宮家との縁談を中止することを決めた。

皇女降嫁の候補者は三人いた。

先帝の仁孝《にんこう》天皇の皇女である敏宮《ときのみや》と和宮の二人と、あと孝明天皇の第二皇女である富貴宮《ふきのみや》である。

敏宮は三十歳で、十三歳の家茂にはどうみても釣り合わない。和宮は十三歳であったが、すでに有栖川宮《ありすがわのみや》熾仁《たるひと》親王との婚約の内約をしている。富貴宮は生まれたばかりの嬰児《えいじ》であるが、現天皇の皇女であるため、当初は第一候補であったという。

だが、降嫁するのは和宮と決まる。なぜか。

和宮は、仁孝天皇の第八皇女として一八四六（弘化三）年五月十日に生まれた。和宮というのは幼名で、諱《いみな》を親子《ちかこ》という。母は権大納言橋本実久《さねひさ》の娘・経子《つねこ》である。

当時、後宮の女官は里方の「産屋《うぶや》」で出産するのが慣わしであった。そして出産後、「忌《い》み明け」を待って宮中に戻るのが通例であったが、和宮は橋本邸で生まれた後、一八六〇年までの十四年間を橋本邸内で過ごしている。

徳川家茂

和宮は父の顔を知らない。父である仁孝天皇は和宮の生まれる半年ほど前に没していたからだ。皇位は異母兄が継いでいた。孝明天皇である。その天皇からお七夜の祝儀のさいに「和宮」の名を授かっている。

その和宮は六歳のとき、兄の孝明天皇の意向によって、内々に十七歳の有栖川宮熾仁親王との婚約を調えていた。このとき幕府は婚儀支度料として、白銀百貫目の献上を朝廷に伝えたという。つまりこのときにはまだ、皇女降嫁策など考えてもいなかったのである。

皇女降嫁が取《と》り沙汰《ざた》されるのは、それから七年後の一八五八（安政五）年の八月ごろからで、「安政の大獄」事件が起きて、朝幕間の不和が抜き差しならないものになってからだ。

これまで密かに皇女降嫁策を練っていた井伊直弼ら幕府首脳は、一八五九年五月、和宮の降嫁を奏上することを内々に決定した。

直弼から密命を受けた腹心の長野主膳は、有栖川宮熾仁親王が自発的に和宮との婚約を断念するよう、関白九条尚忠の家臣・島田左近に説かせた。

そんなことを知る由もない十五歳の和宮は、一八六〇（安政七）年二月、熾仁親王との結婚準備のため、住み慣れた橋本邸から桂宮邸に移った。その半年後、将軍家への降嫁話が持ち込まれるのである。

それにはこういう事情があった。大老の井伊直弼が三月三日、登城の途中、桜田門外で水戸浪士らに暗殺されるという、いわゆる「桜田門外の変」が起きた。幕閣の動揺は激しかった。幕府内の空気が一変して、攘夷派の大名たちが肩を怒らし始めた。

幕府の威勢は地に落ち始めた。その威勢を挽回《ばんかい》するには朝幕間の融和をやってみせ、「公武合体」を天下に示す必要があった。そのためには早急に和宮の降嫁を実現するほか手立てがなかった。

事ここにいたって、それまで秘密裏にすすめられていた皇女降嫁策は、公然と論議されるようになったのである。

必死の説得

和宮

井伊直弼が殺害されてからすぐ、四月に入ると幕府は京都所司代の酒井忠義を遣い、朝廷にこういう工作を始める。老中連署の書状を認《したた》め、内々に和宮の降嫁を朝廷に願うよう命じたのである。

この書状では、かつて霊元《れいげん》天皇の皇女八十宮《やそのみや》と七代将軍家継《いえつぐ》との婚約の先例のあることが強調された。家継は五歳で将軍宣下をうけ、八十宮との婚約が内定したが、わずか八歳で急死したため婚礼にはいたっていない。しかし、八十宮はその後出家し、法号を浄琳《じょうりん》院宮《いんのみや》と称して関東下向こそしなかったものの、尼となって将軍の位牌《いはい》を守り続けたのである。

幕府はとにかく、幕府の申し出た降嫁に朝廷が応じなかったということは前例としてないことを口実に、是が非でも皇女降嫁を迫ったのである。

だが朝廷は皇女の降嫁を拒絶した。その理由はあらまし次のようなものだった。

①すでに和宮には婚約者がいる。いまさら違約に及ぶのはどうかと思われる。

②和宮は先帝の皇女で、しかも異腹の妹宮であるから、天皇の一存では容易に承知させがたい。

③和宮はまだ幼少で、しかも異国人が集まりきたる関東に下るのを恐ろしがっている。

幕府にしてみれば、不同意を示されようが、どんな障害があろうが、皇女降嫁を実現して、朝廷と一体であることを天下に示さねばならないという強い思いがある。その後も執拗《しつよう》に何度も、京都所司代の酒井を通して交渉を重ねた。

その交渉途中のことだが、酒井は関白九条尚忠から孝明天皇が抱いている不審を聞かされる。

——幕府は有栖川宮との内約を阻止しようとしているのではないか。

すると酒井は風聞として次のように述べたという。

「有栖川宮は婚約の内約を請けたものの、勝手向きがたいへん不如意で、皇女の輿入《こしい》れとなれば暮らし方が難渋することになるだろうと家来たちがたいへん心を痛めている」

それに対して天皇は、おおよそ次のような理由をあげて和宮の降嫁を拒絶した。

「有栖川宮家の内情はともかく、縁組みが沙汰止みとなれば、名分を失う。また和宮が不承知のところ無理に決定されたのでは、不快により病気などにもなるやもしれない」

皇女降嫁を実現すべく必死の幕府は再度、関白九条尚忠に老中連署の書状を差し出した。

それには、降嫁のさい和宮の生母（観行院《かんぎょういん》）はもちろん、お付きの女官も自由に連れてきてよいとあった。

幕府は譲歩の姿勢を見せたのである。

いっぽうで幕府は、他の公卿にも工作の手を回していた。降嫁の許しが得られないのは、和宮の生母と、その兄・橋本実麗《さねあきら》の反対があると考えたからだ。

幕府は、姉小路《あねこうじ》という十二代将軍家慶《いえよし》付きだった上臈御年寄《じょうろうおとしより》に、和宮の生母とその兄を説得するよう、こう働きかけた。「和宮の降嫁は公武合体のために必要不可欠なものである」

それが実現できなければ、徳川政権の威勢は地に堕ちてしまう。大奥の存続も危ぶまれる——。

姉小路は才色兼備で、家慶時代には彼女ほどの「利《き》け者」はいないといわれるほど、大奥では実権をふるっていた。利け者とは幅の利く人、勢力のある人のことである。その姉小路は和宮の生母方の伯母にあたる。家慶なきあとは剃髪《ていはつ》して勝光院と称していたが、未だ大奥では隠然たる勢力を保っていた。その力を遺憾なく発揮した。

さらに、幕府は強請《ゆすり》的な工作もした。天皇に近侍して議事の奏上をする公卿が、降嫁に異論を唱えているのを耳にすると、その者たちの退職を朝廷に迫ったという。

これらの幕府の工作は効いた。

だが、幕府の考える「公武合体」は幕府に都合のいいものであった。幕府の行う政治をそのまま朝廷に容認させようとするものであったからだ。

それゆえ「公武合体」は、すんなりとはすすまないのである。

幕府の譲歩と孝明天皇の決心

幕府の譲歩する姿勢を見てとった孝明天皇は、降嫁について侍従の岩倉具視《ともみ》に尋ねている。それに対して岩倉はあらましこう答えている。

「今は名を捨てて実を取るべきであり、まず幕府に外国との条約破棄を命じ、幕府がこれを誠心誠意承知するならば、降嫁を勅許するのも悪くはありません」

こうした経緯のあとに天皇は、一八六〇（万延元）年六月二十日、関白九条尚忠にこのような内容を伝える。

「先帝の皇女を夷人徘徊《はいかい》の地に縁組みさせるのはじつに恐れ入ること、それゆえ難しいことではあろうが、蛮夷を拒絶するか、嘉永初めごろのように処置するのであるなら、和宮にも納得させるであろう」

幕府に譲歩の姿勢があることを知った天皇は、幕府の外交政策に注文を付けたのである。

だが七月四日、幕府から差し出された返答の書状には、和宮降嫁の勅許を願うことしか書かれていなかった。そのため朝廷は激怒し、これを突き返してしまう。

幕府は再び返答の書状を差し出した。その要旨はこういうものであった。

「和宮の降嫁は公武一和を天下に示し、その後、蛮夷拒絶策の確立に邁進《まいしん》するために必要である。幕府は軍艦鉄砲の製造に専念しているので、今後七、八ヵ年ないし十ヵ年も経つうちに必ず交渉して以前に引き戻す（条約を廃棄する）か、または干戈《かんか》を執る（戦争に及ぶ）か、そのときの処置については臨機応変の処置でなくては勝利できないので、あらかじめこうとは言いがたいが、いずれにしても叡慮《えいりょ》（天皇の意思）を立たせ、いずれかの方策をとる。そのためにも国内一致が肝要であるから、和宮降嫁を考慮願いたい。降嫁が許されないときには、公武不一致を天下に示して、数十年をへてもとうてい、攘夷を行うことはできない――」

これに目を通した天皇は、主な公卿たちを呼び出して意向を確かめる。すると和宮の降嫁は避けられないという者が大勢を占めたという。

もうこのころには、幕府の公卿工作が効果を表していたのだろう。

こうして「天下泰平」のため、そして「鎖国攘夷」の約束が守られるなら、ということで、孝明天皇は和宮の降嫁を決心するのである。

残る問題は、当事者である和宮の説得であった。

降嫁に困惑する和宮

和宮は最初から降嫁に不承知であった。尼になってもと固く辞退したというから、その心中は察するにあまりある。

皇女の降嫁というのは、かつては天皇が許可すればそのまま決まるのが当たり前であった。けれども幕末ともなってくると、当事者が納得しなければ難しいことであったという。それに天皇自身も、初めは和宮の降嫁に反対していたのだから、説得も容易ではなかった。

孝明天皇

一八六〇（万延元）年八月六日、孝明天皇は関白九条尚忠を通じて、伯父である橋本実麗《さねあきら》に和宮の説得を命じる。実麗は再三、説得役を辞退するが、姉小路からも強く要請があったことだろう、ついには桂宮邸に足を運んで和宮に対面する。

十五歳の和宮が熾仁親王との結婚準備のために桂宮

邸に移って半年後のことであった。

突然の降嫁話に和宮は困惑し、あらましこういう返答をする。

「お話を聞き、驚きいっています。このことは、恐れ入ることでありますが、幾重にもお断り申し上げたいとお願い申します。天皇の側を離れ、関東に参ることは心細く、お察しいただきたい。くれぐれも恐れ入りますが、よろしくお断りを願い入り申します」

翌日には内侍司《ないしのつかさ》の女官（天皇の日常生活に奉仕する女性）も出向くのだが、説得は不調に終わる。

当然のことであろう。すでに婚約もしていて、その人との結婚準備をしている最中なのである。見知らぬ土地の、顔も知らない、生まれも育ちも、しきたりも違う「武家」の男のところになど、いけるはずがない。

だが天皇は再び、関白九条尚忠を通じて女官と観行院に和宮の説得にあたるよう伝える。しかし、この説得も不調に終わった。

こんな話がある。困り果てた天皇は関白九条尚忠に「和宮は先帝の異腹。義理合いもある。それゆえ火急に降嫁を強いることはできない。寿万宮《すまのみや》ではどうか」。

それがだめな場合は、譲位のほかないという決心を告げたという。寿万宮は天皇の子で、一八五九（安政六）年生まれの、まだ二歳である。幕府が承知しないだろうと考えた尚忠だが、家臣の島田左近らが密かに苦肉の策を講じた。桂宮邸の和宮の乳母《めのと》に、こんな内容のものを伝えたという。

「橋本実麗及び観行院は和宮降嫁にあくまでも不同意を唱え、和宮に勧めて辞退をさせた。それにより、実麗には落飾（出家すること）、観行院には蟄居《ちっきょ》（外出を禁止し謹慎処分とするもの）を命ずることが内々に決定した。御身が和宮に降嫁を説得せよ。そうでなければ御身は永の暇を賜ることになろう」

交渉役の実麗は出家させられ、観行院は謹慎になるというのである。仰天した乳母は、このことを実麗に知らせて翻意をうながした。「落飾の内決」に驚いた実麗は、事ここにいたってはと、仔細《しさい》を和宮に言上する。

こうして和宮は、これ以上の拒否ができなくなったという。

それはさておき、八月十五日、幕府の工作が効いたのだろう、有栖川宮家から和宮との縁組みの引き延ばし願が提出された。二十六日、天皇はこれを許可した。

すると幕府は、次に有栖川宮家の経済援助と引き換えに、和宮との縁組み辞退を申し出させた。これも許可した天皇は、和宮と熾仁親王との婚約解消を命じた。

和宮は外堀を埋められてしまうのである。

十月四日、天皇はまたまた桂宮邸に内侍司の女官を派遣し、和宮の説得に当たらせた。

こうして、兄である孝明天皇の胸中を察した和宮は、嫌々ながらもついに承知するのである。

和宮が出した降嫁の条件

ようやく和宮の同意をとりつけたものの、新たな問題が持ち上がった。江戸への下向の時期をいつにするかで、双方の意向が嚙み合わなかったのである。

和宮は翌々年一月の先帝（仁孝天皇）の十七回忌を済ませてから降嫁したいという。その決心は固く、譲ろうとしなかった。

一刻でも早く降嫁させたい幕府にしてみれば、そこまで待ってはいられなかった。どうしても急ぎたい幕府は、先帝の年忌には上洛すればいいとして、本年中の降嫁を主張した。

肝心の天皇の意向は、翌年三月以降の下向ということだった。

そのため幕府は天皇の意向を和宮に伝えると同時に、そのころの下向ということで説得を行い始める。

十月五日、ついに下向は天皇の意向どおり、翌年三月以降に行うことが内定した。

十月十五日、観行院が参内し、和宮が関東への下向を受け入れたことを奏上する。

そのとき、観行院が天皇に伝えた和宮の返事は、こういうようなものであったという。

「天下泰平のため誠にいやいやの事、余儀なく御うけ申し上げ候……天皇の御ためと思い、関東へ行くので、よくよく申し入れてください……」

まさに和宮にとって不承不承の縁組みだったことがわかる。このとき和宮はまだ十五歳であるが、こまごまとした条件を出している。たとえば、大奥に同居の者がいないようにすること。ただし（姑の）天璋院篤姫《てんしょういんあつひめ》は西の丸、本寿院（家定生母）は二の丸というように、別の御殿に住むならかまわない。天璋院や本寿院との行き来や対面などはしない。年始やそのほかの節《せち》（季節ごとの祝い）は、すべて使者ですませる。また別の御殿から使者を遣わすときは、堂上《とうしょう》（三位以上および四位・五位のうち昇殿を許される者）の娘が使者を務めるとき以外、お目通りをしない。さらに「すべて御所風とする」などであった。

天皇もこれを承知して、関白九条尚忠に命じてこの旨を幕府へ伝えさせた。

この条件が、のちに天璋院篤姫（姑）と皇女和宮（嫁）との間に軋轢《あつれき》を生むことになるのである。

皇女和宮の関東への下向

天下泰平のためという使命を背負わされて、ついに和宮は関東へ下向する決心をした。

孝明天皇が正式に和宮の降嫁を許可したのは、和宮が関東への下向を受け入れて三日後の一八六〇（万延元）年十月十八日である。このとき天皇は宮中に京都所司代の酒井忠義らを呼び出し、「将軍及び天璋院にもよろしく申し入れるように」という言葉を口にしたという。

天璋院は、和宮の姑にあたる女性である。その存在がしっかりと脳裏に刻まれていたのである。異腹とはいえ兄の妹への慮《おもんぱか》り、その胸中が察せられる言葉である。

だが姑の天璋院らとの同居を拒んだことが、どういうことになるかまでは、思いがいたらなかったのだろう。というより天皇にしてみれば、天皇家より格下の将軍家に出された条件が、履行されるのは当然という思いだったに違いない。軋轢を生じさせるなど、露ほども思わなかったのだろう。

同年十一月一日、和宮降嫁は幕府によって布告された。そして翌年の四月か五月に下向することが内定した。だが、それからも紆余曲折《うよきょくせつ》があって、実際の下向までにはなお時日を費やすことになる。

下向時期が内定した一ヵ月後の十二月一日。幕府は新たに三国（プロシャ・スイス・ベルギー）との条約締結をすすめようとして、京都所司代に奏上させた。

すると天皇はこう激怒したという。

「今となってまた他国と新条約を結ぼうとするのか、それは道理に背く行為だ、縁組みを破談にせよ」

当時、開港が避けられないのは、国情がわかってさえいれば、理解できることであった。だが天皇にはそれがわかるだけの情報や知識が入ってこなかったといわれる。そのため外国勢力の圧迫に対しては、攘夷こそ国を守ることだと考えたようである。

十二月二十五日。和宮の住まう桂宮邸に幕府の使者が参上し、納采《のうさい》の礼（結納の儀）がとり行われた。天皇家には将軍家茂および天璋院篤姫からさまざまな品が贈られた。

翌一八六一（文久元）年四月十九日。和宮に内親王宣下があり、和宮は親子《ちかこ》という名前を授かった。ちなみに皇女は生まれたときから内親王というわけではない。宣下があってはじめてその身分となり、名前も婚儀に先立って授かるものであった。

それはさておき、天皇の意向では、和宮の下向はこの年の四月か五月ということであった。だが、尊王攘夷《そんのうじょうい》派浪士たちの不穏な動向を危惧《きぐ》した幕府は、九月か十月の秋に延期することとした。

和宮関東下向の様子

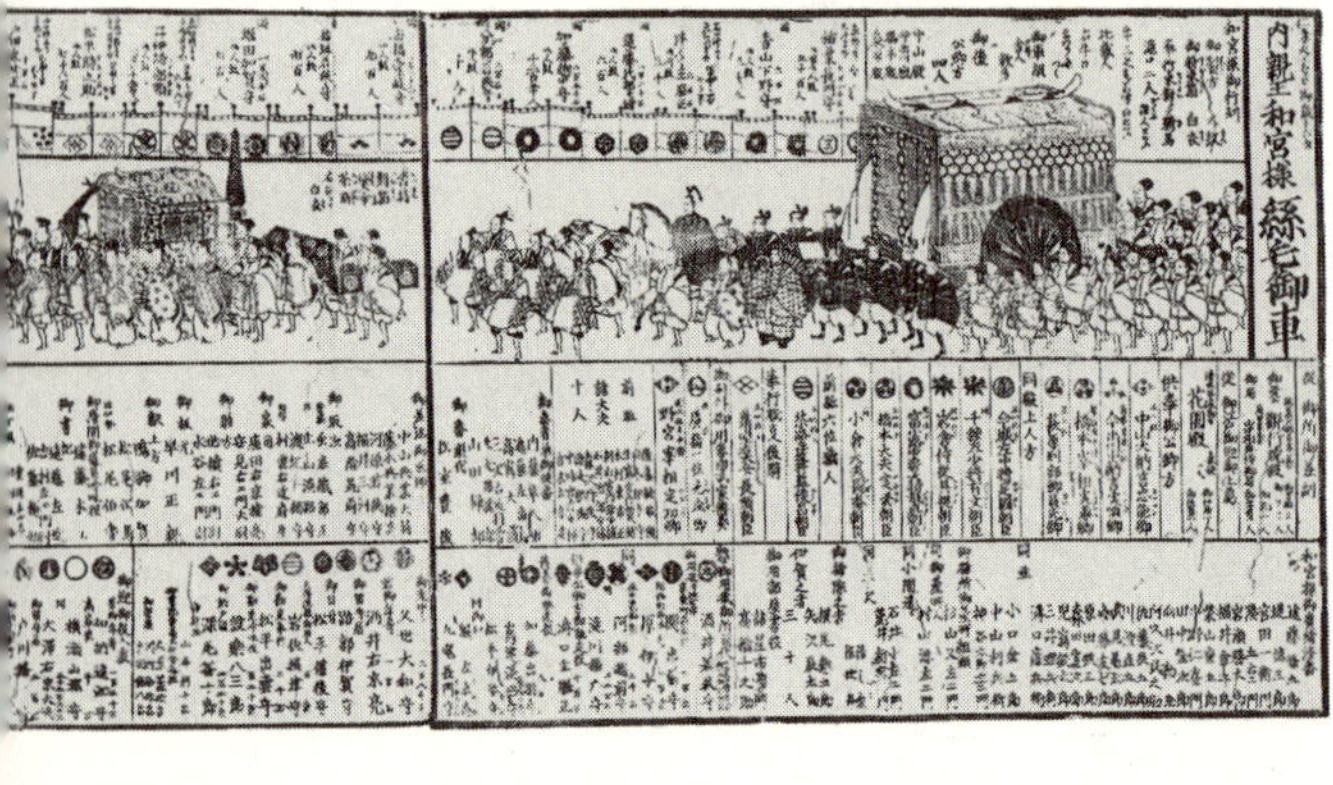

皇女和宮との縁組みは、朝廷の政治利用として、尊攘派から激しい怒りをかっていた。彼らにしてみれば朝廷と幕府が手を結べば、自分たちの存在価値がなくなってしまうからだ。

こういう話がある。和宮降嫁の話が広まると、尊攘派浪士たちのあいだで反対の声があがった。浪士たちは、「朝廷は下向する和宮を途中で奪い取って京へ戻そうとしている」という風説を流した。そのため幕府は京都所司代に、和宮の下向時期の延期を奏上させた。その理由を、水戸浪士の横行と東海道筋の川の増水にしたという。

その問題が片付いたので、江戸への下向を秋に決めたのである。

和宮は、その時期の下向では来年二月の父の

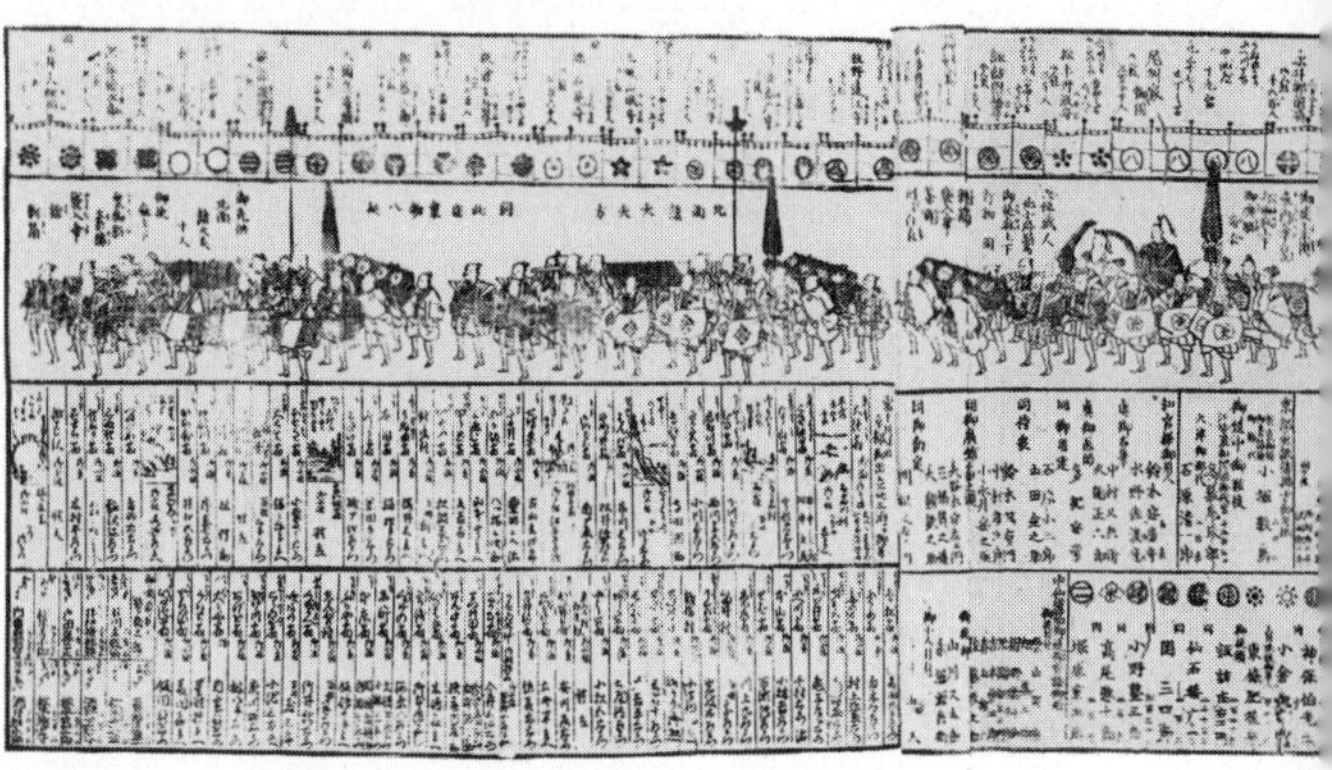

年忌に上洛できなくなると渋ったようだ。だが幕府の意向をまげることはできなかった。天皇もまた、「公武」の離反が不利であることを承知していたため、和宮の下向を十月二十日とすることに決めた。

その十月二十日。和宮一行は桂宮邸を出立し、中山道をへて江戸へ下向した。このときの行列は壮大で、未曾有《みぞう》の大行列であった。道中で御輿《みこし》の護衛をしたもの十二藩、沿道の警備にあたったもの二十九藩という。

十一月十五日に九段の江戸屋敷（清水邸）に着到した。そして江戸屋敷を出て江戸城本丸の大奥の内玄関にあたる御広敷《おひろしき》へ入ったのが、十二月十一日である。

和宮と家茂の婚儀が行われたのは翌（文久二）年の二月十一日で、和宮十七歳、家茂十七歳である。このとき将軍家茂の養母となっていた和宮の姑に当たる天璋院篤姫は二十七歳。

この日から二人に嫁姑の確執が生じる。

家茂の御台所《みだいどころ》となった和宮は、いっしょに下向した侍女たちに、けっして自分を「御台所様」とは呼ばせず、「宮様」と呼ぶよう命じた。ここに、大奥のしきたりとぶつかる芽が見えるのである。

ともかく、こうして和宮は江戸城の無血開城までの六年間を、姑にあたる天璋院篤姫とともに大奥という「女だけの館」で暮らすことになる。

その大奥で和宮を迎えたのは屈辱的な仕打ちであった。

気性の強い篤姫と天真爛漫な和宮

皇女和宮が家茂の御台所として大奥入りすると、そこには重きをなす三人の女性がいた。前将軍家定の生母（本寿院）と、家茂養母の天璋院篤姫、それに家茂の生母（実成院《じつじょういん》）である。本寿院と実成院は元はといえば側室であったので、和宮にとって最も融和が容易でなかったのは将軍家茂の養母、天璋院であった。

天璋院が家茂養母となった経緯には、こういう話がある。将軍家定の継嗣問題で、慶喜か慶福《よしとみ》（のちの家茂）かで幕府内が対立しているとき、井伊直弼を大老に就任させた家定は、その後、直弼にこう言う。「身体虚弱ゆえ、そろそろ退隠を考えている。ついては慶福が成長するまで、御台所の篤姫を表の執政に加え、万事につけ指図を仰ぐように」

だが慶福を継嗣とするという幕府の公式発表のさい、直弼は篤姫の名を口にしていない。家定の提案を握り潰したのである。

また家定は、その前後に篤姫にはこう言ったという。「考えた末のことだが、若年なれど紀州家（慶福）に譲ろうと思う」

そして、これまでは女性が政務に口を出すのは好ましく思っていなかったが、篤姫を見ているうち、その考えが変わったという。篤姫を、尼将軍と呼ばれた源頼朝の妻（北条）政子の再来とばかりに感じたといい、こう言う。「徳川家もそのひそみにならい、幼い慶福の後見として御台が表の政務をも見てくれれば、この難局も乗り切れるだろう」

尼将軍の政子に擬してまで自分に徳川家を頼んだことで、篤姫はこれまでの寂しさも一挙に忘れ去るほどであったという。この二ヵ月ほどのち、家定は病没している。

家定生母の本寿院などの後ろ盾もあって、将軍養母となった天璋院は一八六〇（万延元）年十月から、それまで家茂といた西の丸から大奥に移り、中心的な存在として振る舞っていた。そこへ翌年の十二月、和宮が御台所として輿入れしてきたのである。

その和宮は、これまで皇女として宮中の伝統的な流儀に従いながら、自由な暮らしをしてきた。それなのに何から何まで習慣やしきたりの違う江戸城大奥で生活をしなければならない。和宮の望む御所風と大奥の武家風の違いは大きく、その差異が確執を生むことになる。

大奥の女たちにも、一生ここで生活をしていくという気構えと誇り、自覚がある。したがって共同体意識が強い。そこへ一陣の「御所の風」が吹くことになって、大奥の女たちをも巻き込んで対立、反目が生まれる。

二人の性格もまた、影響したかもしれない。

和宮は宮中で「お姫様」として何不自由なく育ち、天真爛漫《らんまん》な性格を身につけたのだろう。規律にこだわらず、物事に磊落《らいらく》であった。

いっぽうの天璋院は好き嫌いがはっきりしていて、気性の強い性格である。また、天璋院付きの御中﨟《おちゅうろう》によると、天璋院は平素から規律正しい人で、物事が規矩《のり》（人の行動の規準となる手本）にはずれることを極端に嫌う。それだけにお付きの女たちは気を遣ったという。

だが酒好きで、寝る前には必ず酒を飲んで、そのおあまりをお付きの女中たちに下げていたというから、天璋院の人との接し方は養父の島津斉彬《なりあきら》が褒めていたとおり、上手だったのである。

また好き嫌いといえば、天璋院は薩摩の赤味噌でなければ手をつけなかったという。漬物なども薩摩藩の高輪藩邸でつくったものを好んで、それらを書状で所望しているほどである。

皇女和宮と天璋院篤姫の軋轢

そういう性格の二人の仲が、容易に融和しなかったのは考えられることだが、より溝を深くしたのは、お付き女中たちの意地の張り合いや嫉妬、誇りなどから生じる反目だったようだ。

和宮が大奥入りに先立って、江戸の清水邸（御三卿の一家、清水家の江戸屋敷）に入ったのは一八六一（文久元）年十一月十五日である。その日から、目と鼻の先にある江戸城大奥に入る十二月十一日まで、かなりの日数が費やされている。理由は「風邪」のためということであったが、それは表向きの話であって、じつは和宮の侍女たちと大奥の女たちが、トラブルを起こしていたのである。

こういう話がある。その日、清水邸に着いた和宮は、姑にあたる天璋院に贈る手土産を用意していた。その包み紙に「天璋院へ」と、敬称をつけずに書き捨てにして大奥へ持たせた。それに気づいた大奥の女たちは、いくら内親王の身分であろうと輿入れしたからには嫁の立場、姑を呼び捨てにするのは無礼千万のほかないと、怒り心頭に発し、悔しがり、和宮側の侍女たちと反目、対立した。そのため江戸城大奥入りが長引いたという。

この反目が、婚礼前の和宮（十七歳）側と天璋院（二十七歳）側との最初の反目であった。そのせいだろう、和宮は翌年二月の家茂との婚礼のあと、さっそく大奥の女たちに悪口を叩かれる。いわば仕返しだ。こんな話がある。和宮は婚礼のさい、鏡を懐中にしていた。それを、御台所様は懐剣をもっておいでになったと、大奥の女たちに取り沙汰され、たちまち大奥中に広まり、笑われたのである。

また二人が初めて対面したときには、上座に座った姑の天璋院には褥《しとね》（座布団）が用意されていたが、左端の下座に座らされた和宮にはそれさえ用意されていなかったという。おそらく天璋院付き女中たちの仕業だろう。

和宮にしてみれば、それは屈辱的な仕打ちであった。降嫁したとはいえ、内親王という身分であり、御所の権威を背負っているという自負がある。それ相応の待遇を受けてしかるべきだという意識がある。

（自分はまだしも、朝廷の権威がないがしろにされたのでは……）

というショックが大きく、唇を嚙む思いだったようだ。そんな和宮に生母（観行院）も侍女たちも、労《いたわ》りの言葉さえかけられずにいたという。

公家の礼節にしたがえば、天璋院は上座に就くのでなく、共に対座して、褥も同様に敷くべきはずであった。だが大奥の女たちにしてみれば、皇女であろうと内親王であろうと、いったん武家に嫁いだのなら武家のしきたりにしたがうのは当たり前のこと。嫁は敷物をはずして姑に挨拶するのは当然のことであった。

こうしたことから互いの感情は溶け合うことなく行き違い、もつれていく。和宮といっしょに下向してきた侍女たちも、事あるごとに大奥の女たちの流儀を笑った。天璋院でさえ笑われた。そのため、天璋院は和宮の世話をしたくともできなかったという。

江戸城大奥にも流儀、伝統的なしきたりが確立している。それは元はといえば、京都の公家社会を模倣したものといえる。だが大奥の女たちにしてみれば、誇り高い格式に変わりない。それを京都からきた女たちに笑われれば、面白くない。反目するのは自然であった。

それぞれに将軍家と朝廷の威光を背負っているという自負心があるだけに、対立や反目はなくならず、溝を埋めようとしても容易ではなかった。

自分たちのあいだに多くの女たちがはさまりすぎて、互いの感情がまっすぐ通らないうらみがあると、利発な天璋院は思ったことだろう。

笑われ馬鹿にされる「御所風」

和宮が降嫁のさいに出した条件、「身辺はすべて御所風」という条件を、朝廷は幕府に認めさせている。これは単に身の回りの調度や用具を御所風にするというだけでなく、慣習や風俗、髪型から服装にいたるまで、そうするということであった。

そのため何をするにしても御所風にこだわる和宮のすることは、大奥のしきたりに反していた。

大奥には、節《せち》ごとの諸行事にも典例、故実がある。また日常の起床、進退、服装、髪型、便所にいたるまで積年の慣例、しきたりというものがある。

たとえば御台所の髪型なら、「オスベラカシ」というきまったものがある。式日《しきじつ》など特別の日には、御中﨟などもする髪型だ。これは、前髪にふくらみを持たせながら背中側に持っていき、その毛先は結い上げずに下ろす。必ず「長かもじ」を付ける。「かもじ」とは、地毛に添える付け毛のことで、なかでも「長かもじ」というのは背筋に垂れて引きずるほど長い。この髪型のときは必ず「置き眉」も描く。これが武家風で、大奥の女たちは誇りにしている。

だが天璋院付きの御中﨟であった大岡ませによれば、和宮は武家風を嫌い、「下げ下地」という下から巻き上げるような変わった髪型をしていたという。

また和宮は、せっかく大奥側で用意した御台所用の道具類をいっさい使わず、御所から持って来たものを用いた。装いも、大奥のしきたりに反するものをしたりする。さらに降嫁の条件にある、姑（天璋院）や前将軍生母と同居しない。行き来や対面は使者ですませる。こういうことも、大奥の女たちにしてみれば、大奥のしきたりを無視する行為で、看過できないことであった。

和宮は大奥の習慣を「夷風」として嫌い、「武家にはならぬ」と言って御所風を誇りにした。そういう和宮を、大奥の女たちが快く思うはずがない。御所風を守ることなど承知していないという態度をとる。反撥《はんぱつ》したり、また陰で笑い、馬鹿にしたりする。それに対して和宮の侍女たちが対抗する。

このようにお付き女中同士がことごとく意地の張り合いをし、反目した。和宮に対する風当たりは相当に強烈なものであったと想像できる。しかし、人は身についた習慣やしきたり、性格をそう簡単には変えられない。まだ二十歳にもならない和宮には、大奥という環境は、今までなんの考えもなしにしてきたことが制限される場所と映ったのではないだろうか。何か新しいことを始めようとすれば、そうさせない膨大な力が迫ってくる。そんな感じのする生活環境だったかもしれない。

本丸と二の丸の移転騒動

とにかく大奥において降嫁の条件はまったく考慮されず、笑われ、馬鹿にされた。屈辱感は相当なものであっただろう。何もかも約束が違うという思いで悔しさが募り、和宮の怒りは深まるばかりであったに違いない。

幕府はといえば、

「大奥というところは何事も大奥の流儀で通そうとする。いちいち表からの指示は受けないところ」

そう心得ていて、朝廷とした約束事を口に出さなかったのか。出せなかったのか。あるいは降嫁させてしまえば、一件落着という気持ちであったのだろうか。

天璋院と初めて対面したさいの屈辱的な仕打ちを、和宮付きの女中から報告を受けた孝明天皇は幕府の約束違反を問いつめようとしたという。だが、それをすればせっかく生まれた朝廷と幕府とのあいだの融和ムードが壊れてしまう。それを危惧した関白九条尚忠と京都所司代の酒井忠義が天皇をなだめ、幕府に善処を求めたという。

こうして大奥の態度もいくらか改まって、あからさまな敵対意識は下火になる。

だが、一八六三（文久三）年八月、突然、天璋院の二の丸移転の話が広まった。大奥女中たちのあいだに動揺が起こり、盛んに嫁（和宮）が姑（天璋院）を追い出すと取り沙汰された。

こんな事情があった。同年六月、西の丸が炎上。本丸の大奥にいた天璋院は難を逃れたが、いったん吹上《ふきあげ》に移ってまた本丸の大奥に戻った。このとき部屋割りのことで和宮側と感情的なもつれが起き、和宮付きの女中が、天璋院が御殿を占有し、和宮たちは大奥の一部におかれているという通報を朝廷にした。そのため、天皇が幕府に天璋院の移転を促したという。

だが世話係の公卿が、御殿の占有という噂を鵜呑みにして、老中に天璋院の移転を促したというのが真相のようだ。

いずれにしても幕府は天璋院に、焼失した西の丸の再建は十一月になるが、仮住まいが十月にできるからと、そこへ移るよう要請した。

天璋院にしてみれば、仮住まいに移れということは、もう本丸の大奥へは戻るなと言われたのと同じであった。ならばと、慎重な天璋院にしては早い決断で二の丸に移ったのである。それに仮住まいの殿舎に移れというのは、同じ屋根の下に姑とともに寝起きをしたくないという和宮の気持ちなのだろうと受け取って、無念さを嚙みしめながらの即断だったようだ。

こうして事実上の大奥総帥である天璋院の突然の移転で、下火になっていた敵対意識がまたもやあらわになってくる。

和宮と家茂の夫婦仲

和宮と家茂の結婚生活は、たった四年あまりである。家茂が二十一歳という若さでこの世を去ったからである。

その間、家茂は朝幕間の融和のために三度も上洛している。三度目の上洛は、一八六五（慶応元）年の五月である。軍備を整えて幕府に挑んできた長州藩の再征討のためだった。江戸城を出立して入京し、参内したのち大坂城に入って陣を敷いたが、翌年二月ごろから健康がすぐれなくなる。七月二十日、前月あたりから病床に就いていた家茂は、大坂城中で病没する。

こうして和宮は二十一歳で未亡人となり、十二月に落飾《らくしょく》して「静寛院《せいかんいん》」と称し、「静寛院宮」と呼ばれることになる。

四年あまりの結婚生活といっても、三度の上洛の前後を通じて一年半以上を家茂は江戸城を留守にしていたことになるので、二人だけで過ごせたのは二年六ヵ月ほどである。

篤姫に比べると少しばかり長いが、将軍の大奥泊まりという特殊な環境のなかで、家茂と気持ちを寄せ合い溶かし合って、夫婦の愛を育《はぐく》むことができたのだろうか。

こういう話がある。一八六二（文久二）年七月のある日、家茂と老中の松平春嶽《しゅんがく》は政治を論じていた。そのとき、話が朝廷と幕府の関係に及んだ。家茂はこう言う。

「和宮と仲良くし、大切に思っていれば、自然と公武御一和にもなる。表だけを飾っても実情がなければ、公武御一和は実現できないであろう」

十七歳の家茂は、同い年の和宮と心から仲良くすることが、自分に与えられた役割と心得ていたのである。また和宮付きの呉服の間勤めの女中によれば、家茂が和宮と対面するときには、まず家茂のほうから挨拶をしていたという。

内親王という身分であり、御所の権威を背負っているという自負のある和宮にしてみれば、家茂は大奥で唯一自分をわかってくれる相手に思えたかもしれない。

その和宮の性格の一面、天真爛漫で、物事に磊落《らいらく》という性格を示すこんな話がある。ある日、浜御殿に天璋院と家茂、それに和宮の三人でいた。長い廊下を歩き、敷石のある下り口の前に来た。ふと見ると、庭の踏み石の上には天璋院と和宮の草履《ぞうり》だけが置かれ、家茂の草履は踏み石の下の地面に置かれてあった。先頭を歩いてきた天璋院は先に踏み石に降りて草履をはいたが、和宮は足袋《たび》のままポンと庭に飛び降りて、自分の草履をどかしてから家茂の草履を踏み石の上にあげて、お辞儀をした。家茂は「かたじけない。礼を申す」と頭を下げたという。

いずれの話も、お互いを思いやっている気持ちが伝わってくる。絵に描いたような政治主導の縁組みであったからこそ、相手を大切にすることに力を注いでいたのだろうか。

こういう話がある。家茂は幕府の威勢を回復しようと、公武合体の機運を盛り上げるため三度も上洛している。和宮はその一度目の上洛のときから、御百度参りの祈願をして家茂の無事を祈ったという。二度目のときには手紙も送っている。それによると夫の帰りを待ちわびる妻の心情をこんなふうに書いている。「御首尾よく一日も御早く御帰府に成られ候様、御願ひあそばし候」

このとき十九歳である。自分を大切に思ってくれる家茂の死は、この二年後に起きた。和宮は深い嘆きのために食事も睡眠もとることができなくなったという。

大きな打撃であったからだろう。それだけに若い二人は気持ちを寄せ合い、溶かし合っていたように思える。

嫉妬や反目が飛び交う女だけの館

いっぽう和宮と天璋院のお付き女中たちは互いに反目しあい、融和とはほど遠かった。先の例でいえば、家茂からまず挨拶をしたことを和宮付きの女中たちが自慢し、吹聴する。それが面白くない家茂付きや天璋院付きの女中たちが反感、嫉妬を抱き、反目する。踏み石の草履の置き方はどうにも不思議である。この場合も、大奥に反感をもつ女たちの仕業だったかもしれない。

こうした反感や嫉妬が大奥の女中たちの間に渦巻き、それに和宮も天璋院も呑み込まれる。つまり両者の対立、反目というのは、本人たちにその意思がなくとも、お付き女中同士の反感、嫉妬から生じてしまうことが少なくなかったようである。

天璋院にしても和宮にしても、一度ならず、なぜこんなところに来てしまったのかと、嘆くことがあったことだろう。

けれども、一生奉公が原則の大奥の女たちは嘆くことはなかったに違いない。今日一日を面白く生きることに精一杯で、しかも大奥という男子禁制の「女だけの館」では、目の前の不快な現実を無視するか、排除して生きていくしか、自分を生かす手立てがなかったと思われるからである。そのぶん溜まる欲求不満の捌《は》け口が、相手の御所風や武家風、お付きの女たちについての批判だったのかもしれない。

ちなみにお金に余裕のある大奥女中たちの中には、宿下がりや代参の折に、禁止されている芝居見物をしたり、あげくに役者や陰間《かげま》（男色を売る少年）と遊んだり、あるいは参詣寺の若い僧たちと密かに楽しんで欲求不満を解消している者もいた。また、「張形《はりかた》（模造男根）」も使われていたそうだ。江戸後期になると男を助けるものに使われるようにもなるが、そもそもは独り寝の女たちが自分で選んで買い、使うものとして登場したものだという説もある。

このように男子禁制の大奥という「女だけの館」に住むことの欲求不満はあらゆるところに捌け口を求めていたのである。

篤姫・和宮の決定的対立

和宮の夫である家茂は、天璋院の夫であった家定同様、子をつくれそうにない病弱な体であった。そのため将軍継嗣の問題が再燃し、依然として一橋慶喜《よしのぶ》を望む声が挙がった。だが幕府内には反撥する声が根強くあって、田安亀之助《たやすかめのすけ》（のちの徳川家達《いえさと》）を推す者が少なくなかった。

では、将軍家茂はどう考えていたのかというと、三回目の上洛、すなわち長州再征討に出るとき、自分の体のことを知悉《ちしつ》していて、万一のことを考えていたのか、亀之助を後継者にしたい旨を、御年寄の滝山に告げていたという。

その家茂が上洛し、陣を敷いた大坂城で危篤に陥った。

このとき、天璋院と和宮との決定的な対立が表面化する。危篤の知らせを聞いて、家茂養母である天璋院は田安家の亀之助の擁立を主張した。だが和宮は慶喜を主張したのである。一方で、大奥の女たちはもともと水戸嫌いであるから、亀之助擁立に動いたことは言うまでもない。

将軍の代替わりに、大奥の意向というものが一致したことがない。それが大奥というところなのである。

まもなく家茂は大坂城中で病没するが、江戸城大奥にいる和宮がその死を知ったのは五日後であった。天璋院は同じ江戸城にいた夫、家定の死を知ったのは一ヵ月後である。この差はおそらく徳川政権が衰退するにつれ、朝廷の威力が増大していたからだろう。

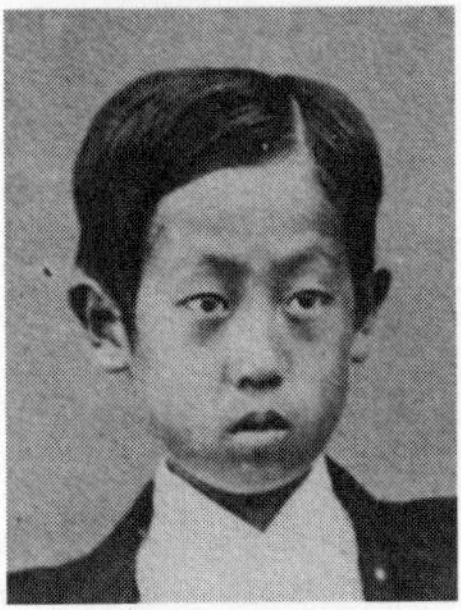
田安亀之助

それはさておき、和宮の主張する慶喜擁立は、一橋派と朝廷との関係が良好であったことがいちばんの理由だろう。それに将軍家茂の補佐役に就いていた慶喜はずっと京都にいて、禁裏御守衛総督でもあって、朝廷を守っていたからである。

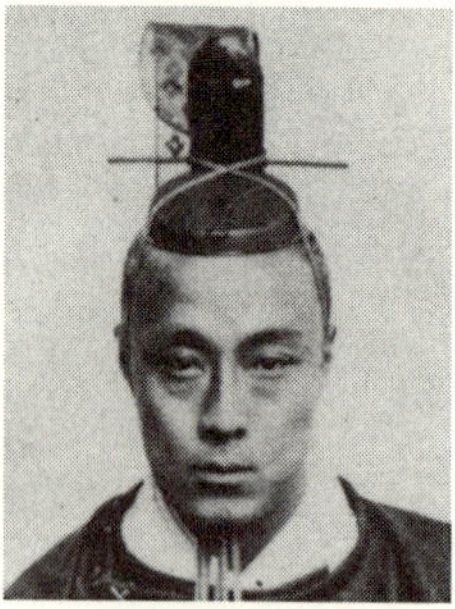
徳川慶喜

いっぽうの天璋院篤姫は、慶喜擁立のために一橋派の島津斉彬《なりあきら》によって大奥へ送り込まれた身である。水戸嫌い、慶喜嫌いではないはずだ。それなのに、なぜ今度は慶喜を忌避し、亀之助の擁立を望んだのだろうか。水戸嫌いの大奥で重きをなす御年寄の滝山、あるいは「一橋殿が継嗣になれば、私はみずから死をえらぶ」とまで言った姑の家定生母（本寿院）に遠慮したのだろうか。つまり、大奥全体の反撥を招くと判断したからだろうか。

篤姫が田安亀之助擁立を望んだわけ

そうではないようである。天璋院は城中で慶喜に対面したときの印象から、彼を嫌っていたというこんな話がある。

家定存命中、江戸城で家定が慶喜に対面したあと、篤姫も大奥の対面所で会った。眉目秀麗で好ましい印象だが、視線に引っかかるところがあった。上位の人との会見では相手の胸を見つめるのが礼儀であり、そこから上を見上げるのも、下へ視線を落とすのも、礼儀に反するとされている。にもかかわらず慶喜の視線は、篤姫の膝あたりに向けられていた。それもひどく投げやりな印象で、言葉も、あたかも目下の者に仕方なく教えてやっているという感じであったという。今おかれている国の有様について聞いても、それは天下を司る将軍の御思案に任せられる事柄で、格別の意見もないと言った。同席していた御年寄の滝山は「稀に見る暗愚」と評したという。

叔父である島津斉彬には、君主の器と思わせる態度で臨み、将軍と御台所には熱意のない受け答えという態度、そういう印象がずっとつきまとっていて、不快の念を抱いていた。それゆえ、なぜこんな人物を斉彬は継嗣に推すのだろうと、対面以来、疑問に思い続けていたという。

だが今、その斉彬はもうこの世にいない。没してから八年が経っている。その間に天璋院は自分が島津家や近衛家、それに一橋派の都合から大奥へ送り込まれた事情をことごとく知った。斉彬の厳命ともいえる慶喜擁立だったが、今度は徳川家を守らねばならないという思いのほうが強くなっていたのではないだろうか。

篤姫は、江戸城入城の前夜、国のため徳川家のために任務を果たすよう、斉彬に言い聞かされている。任務というのは、第一に世継ぎをもうけること。第二は慶喜擁立を推すことであり、その意向を聞き出すことであった。そしてこうも説かれた。「大きくいえば、外夷から国を守る態勢にかかわっていることでもある」

だが今となってみればと、こういう心境に至ったのかもしれない。

（家定の性的な不能を知っていて、素知らぬ顔で、子をもうけることを第一に挙げただけで、本当は慶喜擁立を推進するためだけに自分を輿入れさせたのではないか）

同時に、さまざまな思いが天璋院の胸の内に渦巻いただろう。

（そういえば……）

朝廷から斉彬に御製《ぎょせい》（天皇の作った詩歌）と宸翰《しんかん》（天皇直筆の文書）が届けられたことがある。その時点で開化思想の斉彬が、新政府樹立という意欲を抱いていたとしたら、その計画を理解できる英邁《えいまい》な慶喜を将軍職に就けておく必要があることになる。

そう考えれば、慶喜との対面のあと、抱き続けてきた疑問が解ける気がした。

（自分はただの「お人形さん」、一橋派の謀略の手段として使われたにすぎない）

たとえようもなく天璋院は口惜しがった。しかし、

（彼らのおかげでさんざん苦労もさせられたが、将軍正室という、女として頂点の地位に就けた。だがもう……）

義理は果たしている。誰が慶喜なんぞにという思いに駆られ、将軍養母である自分は徳川家の利益を第一に考えて、滝山に告げたという家茂の意思に従うのが筋と、亀之助の家督相続を主張したとも考えられる。

最後の将軍徳川慶喜の誕生

だが、亀之助の擁立はならなかった。

大奥と同じように幕府内もまた、二派に分かれて対立したが、国内外ともに問題が山積していたため、四歳の将軍ではいくら幕閣が支えても無理があるということで、三十歳という年回りのいい慶喜が擁立されることとなった。

和宮にしてみれば、してやったりという思いであったかもしれない。

こうして誕生するのが十五代将軍慶喜である。

ところで、亀之助の擁立を主張した天璋院を薩摩の島津家はどう見ていたのか。両者は疎遠になるかのように見えたが、島津家は天璋院を遠ざけるどころか依然として利用する。その価値がまだ十分にあると見たのだろう。こういう話がある。一八六七（慶応三）年十月、討幕の中心であった薩摩藩は、江戸市中の騒乱を目的に江戸で浪士を集めた。このとき幕府に出された薩摩藩の届けの名目が、天璋院の守護ということであった。そのため幕府は薩摩藩の浪士集めに探索の手を入れることができなかったという。この浪士たちは「薩摩強盗」と呼ばれるほど、江戸の商家を荒らし回っている。

このように、天璋院の「実家」ともいえる薩摩藩は、「娘」の嫁ぎ先である徳川家を混乱に陥れる行動をしている。天璋院のおかれている立場など少しも考えていなかったのである。

和宮京に帰る

家茂を失った和宮は、二十一歳という若さで未亡人となった。その五ヵ月後には兄の孝明天皇も失うという不幸に襲われる。その失意の中、和宮は帰京を願ったという。家茂の葬儀が終わりしだい、帰京すべく準備をしているという噂がたった。それを耳にした天璋院は顔をしかめる思いであった。

その家茂の葬儀のさいのことだが、京方と大奥側の女中のあいだでちょっとした争いが生じたという。大奥側の女中が和宮付きの女中にこう言う。「後足《あとあし》で砂をかけて、さっさと京へお帰りなさい」

それに対して京方は、こんなふうに激しくやり返したという。

「宮様は帰りとうて帰るんやない。いじめ出されてご病気にならはったんや。関東のお人は鬼とおんなじや」

じつは和宮は降嫁してから一度も上洛できていなかった。あれほど望んでいた父の年忌にも上洛できなかった。望んでもさせてもらえなかったのである。

ようやく幕府とのあいだで、一八六八(慶応四)年一月の帰京が合意された。だがその年の一月三日、幕府が京都の「鳥羽伏見の戦い」で敗れ、十五代将軍慶喜は、大坂城に幕府軍を残したまま、朝敵という汚名を着せられて江戸城に逃げ戻るという事態が生じる。

こうした政情の急変から、和宮はそのまま江戸にとどまることになった。

その江戸を目ざした新政府の討幕軍の大総督は、かつての和宮の許婚《いいなずけ》・有栖川宮熾《たる》仁《ひと》親王であった。和宮は、元婚約者による江戸侵攻を聞かされたとき、どんな気持ちで受け止めたのだろうか。

とにかく江戸に逃げ戻って来た慶喜は、その日のうちに天璋院に対面し、戦いの次第や朝敵の汚名をこうむったことなどを報告した。和宮にも使いを出して拝謁を願い出るのだが、朝敵の汚名をこうむった者に会う気持ちはないと拒絶されてしまう。

このとき天璋院は二人のあいだの取り持ちをしている。そのおかげでまもなく慶喜は和宮に会うことができた。

慶喜は伏見から逃げ帰ってきたとき洋服であった。和宮は洋服のなりでは会わぬと言う。そのため慶喜は御用掛か何かの着物を借りて、紫の呉絽《ごろ》（毛織物）の紐と、打《ぶっ》裂《さき》羽織（武士の乗馬、旅行などに用いた羽織）のなりで、退隠の決意を伝えたという。同時に、朝敵の汚名返上と徳川家の救済を願ったのである。それを聞き入れた和宮は、一月二十一日、自分の名代として上﨟御年寄を京へ発たせた。また同主旨の嘆願を生母の実家にもしている。

朝廷は、「私、身命にかえておねがいいたします」という和宮の徳川家存続の嘆願が伝えられると、こういう意向を示す。

「慶喜が謝罪の実を示すならば、徳川家を存続させる」

こうして田安亀之助に相続させることで、家名を残すことができるのである。

和宮は、江戸城の明け渡しが一八六八年四月十一日に決まると、四月九日、姑の実成院（家茂生母）とともに大奥を出て清水邸へ移った。そこへ同年五月二十七日、明治天皇の書状が届けられて、京へ帰るよう促される。

すると和宮はこう答えたという。「亀之助が駿府《すんぷ》に移り、旧臣も落ち着いたら帰京する」

家茂の死後、あれほど帰京を願っていた和宮だったが、徳川家の人々の行く末までを深く心にかける答えをしたのである。

和宮にしてみれば、兄孝明天皇の苦衷を察し、許婚と別れてまで公武合体という使命を背負って降嫁したにもかかわらず、その嫁ぎ先を輿入れ六年で潰され、自分の存在意義がなくなってしまった。

江戸城を姑（実成院）といっしょに追い出されて初めて、

（一体、自分はなんだったのだろう……）

利用され、裏切られたのだという思いに沈み、心を移したのかもしれない。その和宮が京へ帰ったのは、翌（明治二）年二月のことである。

亡き夫・家茂を思う和宮の心中

この和宮の帰京に、噂は本当だったのだと、天璋院は不快感をあらわにした。皇女という身分であろうと、いったん武家に降嫁した以上、武家の者としての行動、徳川家の嫁として根をおろすべきであるという思いでいたからである。気性が強く、また物事が規矩《のり》にはずれることを極端に嫌った天璋院らしい。

だが和宮の、あまり規律にこだわらず、天真爛漫な性格もあるかもしれないが、夫も家(城)も失い、子もいない。しかも夫の家の存続を嘆願し、見届けた今、実家に戻りたい、頼りたいと思う気持ちは、誰にでも芽生える自然の気持ちにも思える。

また、家茂との結婚生活はわずか四年である。実質はもっと少ない。当時の武家の覚悟――嫁いだうえはその家で死ぬという覚悟は、「武家にはならぬ」と言った和宮にとって、しようとしてもなかなかできるものではなかったに違いない。

武家の覚悟はしなかったが、武家の男であった夫の心と、自分の心を寄せ合うことはできたように思える。だからこそ、我が身に代えてもと夫の家の存続を嘆願したともいえるのではないか。

ところで和宮帰京のさい、こんな話がある。和宮は文台にのせておいた兄の孝明天皇と家茂の位牌のうち、兄の位牌だけを持って家茂の位牌を置いていったという。

本当だろうか。たびたび上洛する家茂に、帰りを待ちわびる心情を綴《つづ》った手紙を送った和宮。また家茂の死に大きな打撃を受け、ほとんど食事も睡眠もとることのできなかった和宮。その和宮が、家茂の位牌をわざと置いてくることなどあるだろうか。

おそらくそれは、京方の侍女たちの仕業ではなかったか。

事ここにいたっても、和宮にその意思がなくとも、京方の女たちの大奥への反感が続いていたといえる。しかも徳川家の命運が和宮にかかっているのはわかっている。それだけに京方の女たちの意気も盛んであったことだろう。

また家茂死後のことだが、和宮の心情をうかがえるこんな話がある。家茂の遺品が和宮のもとに届けられた。その中に一反の織物があった。その反物は家茂が上洛するさい、和宮が「凱旋《がいせん》のおりには」と、お土産としておねだりしたものであった。この反物でのちに袈裟《けさ》をつくり、家茂の墓のある芝増上寺に寄進したという。

その和宮が詠んだ歌がある。

空蟬《うつせみ》の唐織衣なにかせむ　錦も綾も君ありてこそ

家茂を想う心が伝わってくる。やはり心を寄せ合い、溶かし合おうとしていたのだろう。武家にはならなかったが、夫を愛する心は人後に落ちなかったのである。

篤姫と和宮の融和

いったんは帰京した和宮は、その後一八七四（明治七）年七月、東京へ戻って、麻布の屋敷に住む。

そのころの和宮と天璋院のこんな話がある。ある日、二人が勝海舟の家に来た。二人に配膳をすると、女中が海舟を呼ぶ。何事かと思って座敷に行くと、双方でお給仕をしようとして、睨《にら》み合っていた。互いに「自分がお給仕をする」と言い、互いに「それなのにあなたからなさろうとする」と言い合っている。海舟は笑って「それならば良いことがある」と言い、女中にお櫃《ひつ》を二つ出させた。そしてこう言った。「さ、天璋院様のは、和宮様がなさいまし。和宮様のは、天璋院様がなさいまし」

二人は「安芳《やすよし》は利口ものです」と言って大笑いして、帰りには同じ馬車で帰った。その後はわだかまりのない嫁と姑の関係になり、何事も互いに相談するようになったという。ちなみに海舟は維新後「安芳」と改名していた。「海舟」は号である。

和宮はその後、一八七七（明治十）年八月、病をえてしまう。脚気《かっけ》であった。箱根で療養するが、その効なく九月二日、この世を去った。三十二歳であった。

遺言には徳川家の墓地に埋めてもらいたいとあった。そのため芝増上寺の家茂の墓地の南側に葬られた。現在は寺の片隅に宝塔だけが残っている。

江戸城明け渡しの日

天璋院の果たした徳川家救済の働きといえば、慶喜と和宮とのあいだを取り持った以外、明らかではないといわれる。

だがこんな話もある。天璋院も慶喜から頼まれて嘆願書を朝廷に出したという。御年寄を選定して、京に向けて出立させた。一行がようやく大津にたどり着くと、御年寄を警護する男たちは入京を拒まれた。そのため女たちだけで京に入った。けれどもそれから絶えて江戸への音沙汰がなく、大奥では心を痛めていた。やがて江戸城明け渡しが決まると、嘆願書の主旨が聞き入れられ、ようやく一行は江戸へ帰ることを許されたという。

勝海舟

また、天璋院の嘆願書はじつは東海道筋で西郷隆盛に届けられたという話もある。いずれにしても慶喜は一命をとりとめ、徳川家の存続は認められたのである。そして江戸城の明け渡しの四月十一日を迎える。

天璋院はその前日の十日に江戸城を出て、姑の本寿院（家定生母）とともに一橋邸に移っていた。

こんな話がある。四月八日、大奥に立ち退き命令が下った。事ここに至って大奥は大騒ぎになった。たった三日間という期限付きだったからである。だが天璋院だけは平然としてこう言う。「ただの三日間の立ち退きであるのだから、手回りの道具だけを持ち出せばよい。それで事足りる」

そのため用意したのは、着替えの衣類や化粧道具類だけであった。

城の明け渡しの話を聞き入れなかった天璋院に、幕閣が仕方なく「三日間だけの立ち退き」と欺いたという。気性が激しいので、実情を打ち明ければ事がめんどうになると考えたそうである。

このとき天璋院は、徳川家の威光を入城してくる官軍に見せつけたいと考え、大奥の飾り付けをとくにきれいにさせている。壁には雪舟《せっしゅう》、狩野探幽《かのうたんゆう》の三幅の軸を飾り、床の間には金・銀製の鶴亀、同じく金・銀製の葉に珊瑚《さんご》八分玉の実を十三個つけた万年青《おもと》の鉢を置いた。さらに違い棚には梨子地《なしじ》の硯箱《すずりばこ》、香道具一式、蒔絵《まきえ》の碁盤なども置いて、美麗を尽くしたという。このとき天璋院は三十三歳である。

当日、誰もが明け渡しの儀式らしきものが行われると思っていたのだが、大奥に入ってきたのは合わせて五人で、部屋や倉庫の検分をしただけで終了した。

天璋院の最期

徳川家と運命をともにするつもりであった天璋院は薩摩へ還ることをしなかった。

旧幕府の一部には天璋院を薩摩へ還して、徳川家の存続を新政府に願い出るように、薩摩藩に働きかけるという意向があった。だがこの話が出たとき、天璋院は断乎として拒絶し、徳川家に殉ずる意志を示して、こう言って懐剣《かいけん》を離さなかったという。

「なんの罪があって、里に還すのか。一歩でもここ（江戸城）は出ません。もし無理に出すというなら自害する」

薩摩に戻されるくらいなら死を決し、江戸城に留まろうとしたのである。すでに薩摩の人間ではなく、幕府側の人間だったのである。

こういう話もある。徳川政権が崩壊し、将軍の元御台所という地位から落ちたとき、天璋院は薩摩の島津家からこう言われたという。「帰ってくれば豊かに暮らせるようにする。帰るのがいやなら、三万円の手当を送ろう」

これに対して天璋院は、「徳川家に嫁いだ身であるから、盛衰ともに徳川家に従う覚悟でいる」と島津家からの援助をいっさい受けなかったという。何をいまさらという気持ちであったろう。

その後、天璋院は紀州邸に、さらに尾張家下屋敷、それから赤坂の相良屋敷を経て千駄ヶ谷（のちの徳川公爵邸）へ移った。そして徳川家の家政を切りまわしながら、家督を相続した六歳の亀之助（十六代家達）の養育に力を尽くすのである。

その天璋院は、一八八三（明治十六）年十一月二十日、この世を去った。四十八歳であった。このときにはもう、同じように政略で大奥に輿入れさせられた和宮は、この世を去っていた。

今も徳川家には、「天璋院様の仕置き」といって守られているしきたりが残っているという。

第四章　決意が花を咲かせた春日局

明智家の家老・斎藤家の娘

春日局《かすがのつぼね》の本名は、福といい、お福と呼ばれていた。三代将軍家光の乳母《めのと》である。春日局という名称は、お福が一六二九（寛永六）年十月、朝廷の武家伝奏（武家との取り次ぎ）役の三条西実枝《さんじょうにしさねえだ》の妹という養女縁組みを結んだうえで、三代将軍家光の名代となって上洛し、後水尾《ごみずのお》天皇に謁見《えっけん》、天盃（天皇から賜る盃酒）を受けたときに授かった官職名だ。以後、春日局と呼ばれるようになった。

お福は、一五七九（天正七）年、明智光秀《あけちみつひで》の重臣・斎藤利三《としみつ》と、稲葉通明の娘おあんとの間に生まれた。

光秀が破竹の勢いの織田信長から丹波一国を与えられたとき、利三は明智家の家老となった。斎藤家の生活がそのまま続いていれば、お福にはお姫様としてどこかの大名家に嫁ぐ日がきたかもしれない。

人は、自分にだけは不幸は起こりそうにない、そう思いがちだ。だが、人生の明日が知れないのは今も昔も同じなのである。

本能寺の変が人生を狂わす

お福は四歳のときに父を失う。父の利三が本能寺襲撃（本能寺の変）に加わって、のちに山崎の合戦で自刃《じじん》したからである（京都六条河原で斬首、首をさらされたともいわれる）。

お福は母に連れられて丹波を脱出、比叡山中に身を隠し、逆臣の子という汚名を背負いながら、成長するまで肩身のせまい生活を送った。

やがて京都に移り住んだお福は、一五九一（天正十九）年、十三歳で奉公に出される。奉公先は、三条西家という公家《くげ》の名門で、有職故実《ゆうそくこじつ》の学識のある家柄で知られていた。有職故実とは公家や武家の儀礼やしきたりに関する知識のこと。この奉公はお福の京風の行儀見習いの場となった。のちにこの縁が、冒頭に記した御水尾天皇との謁見につながるのである。

春日局

お福は奉公のあと、母方の一族である美濃清水の稲葉重通《しげみち》のもとへ養女として引き取られる。稲葉家は武名の誉れ高い家柄であったが、和歌や連歌、茶道にも通じていた。

一五九五（文禄四）年、お福十七歳のとき、その稲葉家の養子であった正成《まさなり》の後妻となり、四人の男の子をもうける。この稲葉家で公家と武家の素養を完璧に身につけたようだ。

夫の正成は小早川秀秋《こばやかわひであき》に仕え、五万石を拝領するまでになった。一説によれば夫婦仲はよくなかったようだが、このままいけばお福は後妻ながら武家の奥方として安穏な生活を送ることができただろう。

離縁して江戸へ下る

だが関ヶ原の戦いが、またもやお福の人生の歯車を狂わせる。

正成の主君である小早川は、東軍につくか西軍につくか最後まで迷った。そのとき東軍へ密かに通ずる画策をしたのが正成で、その軍功で小早川は東軍勝利の立て役者となるが、その後は内応を画策した正成を遠ざけるようになった。そのため正成は出奔して、故郷の美濃清水に閑居してしまう。その後、正成は浪人となり、お福も浪人の妻の身に落ちて、辛苦の生活を体験する。一六〇二（慶長七）年、お福二十四歳のときである。

その二年後、四男を生んだばかりのお福は単身、夫のもとを出ていき、京都の母のところへ身を寄せる。別居である。

この年の七月、江戸では二代将軍秀忠《ひでただ》に二男竹千代《たけちよ》が誕生した。のちの三代将軍家光である（長男の長丸はすでに早世していた）。

お福は竹千代の乳母が必要とされていることを知り、一大決意をする。

（将軍世子《せいし》の乳母になろう……）

当時、上層階級のあいだでは、生母が子どもを養育するということはなかった。育ての親としての乳母をつけるのが普通であった。

徳川秀忠

お福は四男を生んだばかりだったので、それが乳母の資格になったようだ。家康の信頼が篤い京都所司代の板倉勝重《かつしげ》の推挙を受けて、竹千代の乳母として江戸へ下ることとなった。一説には、竹千代の乳母を必要としていることを知ったので稲葉家を出て、いったん母のところへ身を寄せたともいわれる。だが実際のところ、お福がどのような経緯で乳母になったのか、詳しいことはわかっていない。

とにかく乳母になる決心をしたお福は、このとき二十六歳である。

夫と離縁し、七歳の長男・正勝一人を連れて江戸へ下向した。長男を連れて出たのは、いずれ母方の一族、稲葉家の再興を考えていたのだろう。

お福はもともと、武家の娘である。父を失い、のちに養女に出された。しかも養家先の養子の後妻となって四人の男子をもうけたものの、今は奥方様という地位から落ちて浪人の妻の身で、先の見えない不安もある。

(ならばもう……)

どこそこの誰とかというのではなく、本来の「お福」という自分の時間を使って、何ごとかをなしとげたい。そんな気持ちが、お福の胸にわきあがってきたのではないだろうか。

気が強い賢女として名高いお福

「本能寺の変」と「関ヶ原の戦い」、それに「養女」「浪人の妻」と、二度、三度と運命に翻弄《ほんろう》されたお福は、もう自分で自分の人生を切り開いていこう、そんな思いに突き動かされたのかもしれない。

浪人の妻として最後の子を生んだとき、女性としては燃え尽きたのではないだろうか。人は燃え尽きると意欲を失う場合と、反対にむしろ感情がエスカレートして意欲が湧き、新たな目標に向かって大胆な行動をとる場合とがある。お福は後者だったのかもしれない。

いずれにしても、お福は女の悲しい宿命として諦《あきら》めなかった。決意して江戸城大奥に入って、竹千代の養育に半生をかけるのである。

お福は気が強く自分本位で、すさまじい権勢欲があり、そのうえ嫉妬深かったといわれる。こんな話がある。正成の可愛がっていた小間使いを刺し殺したという。当時は武家の妻妾同居は珍しくない。そういうことは武家の娘であり、稲葉家の一族につらなるお福も承知のはず。それでもあえて小間使いを刺したのなら、苦しい生活を強いられているなか、甲斐性のない夫に嫌気がさし、稲葉家の養子にすぎない夫の好色な行動を許せなかったのかもしれない。嫉妬もあったかもしれないが、夫の愛妾を殺すのは自分本位ではある。

いっぽうでお福は生まれつき忠実にして慎重、賢女としても名高い。聡明で具眼

（ものの本質を見ぬく力があること）の女性ともいわれるが、全体像は摑みにくい。だが、もともと人の全体像というのは把握しにくいものだ。どの場面で、どの角度から人を見るかで評価が違ってくるからだ。それは往々にして断片的なものであって、全体像ではないといえる。というより全体像などというものは、他人はもちろん、自分にもうかがい知れないものなのではないだろうか。

いずれにしてもお福は竹千代の乳母として信頼され、大奥で権勢を広げていくのである。

竹千代の悪趣味

お福は乳母に採用されると、七歳になる長男正勝や、堀田正盛を、竹千代の遊びや勉強の相手をする小姓として採用してもらう。正盛は離縁した夫の先妻の子であった。小姓とは主君の身の回りの世話をする幼少の家臣のことで、成人すればそのまま主君の近臣となる。お福は、自分の子以外にも、こうした小姓たち十人近くの母親がわりとなって力を尽くした。

乳飲み子の竹千代は、生まれつき病弱であった。また知恵も遅れていたようで、愚かで気まぐれで、物事を考えて処理するということができない質《たち》であったといわれる。好き嫌いも激しかったようで、若いころは吃音症《きつおんしょう》でもあったようだ。そのせいか内気で、挨拶もろくにできない青年だったといわれる。

こんな話もある。一六一五（元和《げんな》元）年、十二歳の竹千代は自分の行く末を案じて自死しようとした。それをお福が見つけて止めたという。愚かで知恵が遅れている子が、はたして自分の行く末を案じるものだろうか。

そのときお福は三十七歳である。通常、乳母というのは若君が乳離れをすれば、不要となってお役御免となる。あとは傅育掛《ふいくがかり》や守役《もりやく》の手によって育てられる。だがお福は免職にならず、大奥に残れたのである。おそらくお福は心身に障害を抱える竹千代にとって自分が必要な存在であることを訴え、また竹千代もそれを望んだのだろう。

竹千代は長じるにおよんで踊り好きが高じ、女装のような華美な装いを好んだ。異性には関心を抱かず、髪を結わせるときは合わせ鏡をするような青年だったようだ。

そんな竹千代の「趣味」を、小姓あがりのお福の長男正勝ら、近習《きんじゅう》（小姓あがりの学友）がいさめることはなかった。意見をするということがなかったのである。

竹千代には自分をいさめる者を徹底して疎《うと》んじ、遠ざける傾向があった。こんな話がある。父である二代将軍秀忠が竹千代につけた守役の一人は、竹千代の趣味に業《ごう》を煮やし、口うるさくいさめた。ときには竹千代の手から鏡を奪い、庭に叩きつけた。だが竹千代は聞き入れようとしない。そのため守役はいつも正勝らを叱りつけていた。お福はそれが気に入らなかったようで、ことあるごとに守役への不満を竹千代にぶつけた。竹千代は二十歳で将軍職に就くと、その守役の減封をしたうえ蟄居《ちっきょ》を命じ、生涯許さなかったという。

女性を寄せつけなかった竹千代

とにかく若いころの家光は踊りに熱中し、女装趣味に走り、あげく男色《なんしょく》を好んで女性に興味を示さなかった。女性との陰事（性行為）など、もってのほかだったようである。

当時の踊りは、かぶいた（人目につくような変わった）化粧と華美な装いをして派手に行われた。踊りは若衆を美しく見せる芸当でもあったという。それを好んだ竹千代は美少年趣味にはまったようであるが、この時代、美少年趣味や男色は珍しいことではなかった。江戸初期には、若衆歌舞伎というのが流行し、前髪のある若衆（少年役者）が男色の相手として人気をえていた。その男色を流行させたのは、「旗本奴《はたもとやっこ》」と呼ばれる直参《じきさん》旗本の青年武士たちだった。無頼を看板にした「かぶき者」で、派手な揃いの羽織を着込み、徒党を組んで練り歩いていたのである。また、戦国時代には女色兼備の男色が武将のたしなみのひとつとされていた。相手は主に小姓であった。小姓になるのは、普通十四歳くらいから十八歳くらいまでの美少年で、彼らは武将の食事から掃除まで何でも雑事をこなし、そのうえ陰事の相手もし、いずれ近臣となった。その結びつきは女性からでは得られない強い絆を感じ合うという。こうした風習が引き継がれていたのである。

だが竹千代の場合は、いわゆる両刀使いではなかった。女性を寄せつけなかった。何が困るかといえば、将軍継嗣が期待できないことで、それが周囲の悩みの種となった。先の守役にしてもそれを心配し、竹千代の近習たちをいさめたのである。

徳川家光

竹千代は元服して家光と名をあらためると、一六二三（元和九）年七月二十七日、将軍宣下を受けて三代

後水尾天皇

将軍職に就いた。このとき二十歳である。父秀忠は大御所と称され、本丸から西の丸に移った。

　二年後、二十二歳になった家光は、公家《くげ》（前関白・鷹司信房《たかつかさのぶふさ》）の娘である二歳年上の孝子を正室に迎えて、周囲をひとまず安心させた。縁組みを拒まなかったからである。お福も胸を撫で下ろしたことだろう。

　これより先、一六二〇（元和六）年、徳川家康の孫娘・和子《まさこ》（秀忠の娘）が十四歳で後水尾天皇のもとに入内《じゅだい》しているが、将軍家が高い家柄の公家から正室を迎えるのは初めてであった。

　お福や幕閣にはこの時期、権威ある京文化の風習を大奥にとり入れ、根付かせようという意向があった。入内した和子から、京文化の情報が続々ともたらされていたからでもある。それだけに孝子の将軍家への輿入《こしい》れは喜ばしいことだったに違いない。

　だが、当時の将軍家と公家の娘との縁組みは、徳川家の威勢を天下に知らしめるもので、他の大名家との家格差を見せつける手段にすぎなかった。つまり、とても形式的なものであった。だから正室の実家が将軍家にふさわしい家格であればそれでよく、夫婦関係はどうでもよく、親密なものにしようとする努力はなされなかった。このころは幕末と違って徳川政権はゆるぎないものになりつつあって、皇女和宮《かずのみや》の降嫁のときのように、縁組みを「公武合体」の手段、すなわち政略に利用する必要がなかったのである。

いっぽう公家というのは、たいていどこも経済的に困窮していた。そのため、武家へ娘を輿入れさせることで、経済的な援助を求めようという公家が少なくなかった。武家最高の家柄である将軍家への輿入れとなれば、生活の絶対保証を得られる。けれども娘の扱われ方しだいでは、娘を捨てることにもなりかねない。

孝子の結婚相手である家光は、もともと女性に興味を示さない質《たち》である。そのうえ形だけの結婚と心得ていたのだろう、輿入れしてきた孝子をないがしろにし、顧みることをしなかった。また正室扱いもしたくなかったようで、御台所《みだいどころ》の呼称を与えなかったという。そのため孝子は「中の丸お方」、あるいは「中の丸様」と呼ばれた。中の丸というのは、本丸と北の丸とのあいだに建造された御殿のことで、そこに孝子は別居を強いられ、女中たちと暮らした。まったく夫婦生活というものがなかったようなのである。このような扱いを受ければ、実家から捨てられたに等しい。

それでも孝子は一六五一（慶安四）年、家光が逝去すると髪をおろして本理院《ほんりいん》と称し、それから二十三年間、大奥を出ることなく暮らし、七十三歳でこの世を去った。

大奥で咲くこともできず、実家の犠牲になって、固い蕾《つぼみ》のまま枯れ落ちた女性もいたのである。

優秀な弟国松の誕生

大奥における絶対的な権力を手に入れるには、竹千代の心を動かすほどの信頼を得て、竹千代を将軍にするほか、手立てはない。

お福にとって竹千代は、いわば「黄金の卵」であった。その卵を上手に孵《かえ》して育て、その金色の羽の光を背に負えば、大奥において大きく開く花を咲かせることができる。

（どうしても竹千代をお世継ぎに……）

お福の執念はすさまじい。竹千代の存在をおびやかす者は誰であろうと許さないという気迫をもって、あらゆる手段を講じていく。まるで腹を痛めた可愛い自分の子どもの将来を慮《おもんぱか》るかのように——。

竹千代の最大の敵は、お福が乳母になって二年後に生まれた二歳違いの弟の国松であった。

たとえ生母が同じでも、兄と弟として生まれれば、それぞれに側近の第一集団が生まれる。つまり傅育掛や守役（男）・乳母・近習などという集団である。その集団がお世継ぎ争いを起こす。

そのお世継ぎ争いの坩堝《るつぼ》の中で、お福は三代将軍家光の誕生に大きな影響力を発揮する。

弟の国松は、怜悧《れいり》な頭脳の持ち主で、聞き分けのいい子どもであった。それだけに父である将軍秀忠から、また生母である御台所「お江与の方」からも可愛がられていた。

いっぽう生まれつき愚かで気まぐれで、知恵も遅れていると見られていた竹千代は、両親からあまり愛情を注がれず、むしろ疎んじられていた。それを敏感にさとっていた竹千代が、ひねくれ気味に育ったことを、お福は承知していた。それだけに自分の胸に吸い付き育った竹千代が哀切なほど愛しかったに違いない。

もちろん愚かな面のある竹千代にも気づいていただろう。子を育てたことがあればわかることだが、二人の子を見ていれば、性格や知能の比較がしやすく、よくわかるのである。

竹千代を世継ぎにするお福の執念

秀忠が将軍家の家督相続を考えたとき、弟の国松のほうを頼もしく思うのは自然であると、お福も思ったに違いない。また秀忠自身も、兄をさしおいて家督を相続している。これまで徳川家に長男が家督を継ぐという慣習もなかったので、余計お福も納得できることであったろう。ちなみに戦国時代にあっては、長男だからといって家督を相続させることはなかった。器量のない子どもに継がせては家が滅んでしまうからだ。

幕臣や奥女中の中にも、竹千代を内心では軽んじている者が多く、江戸城内に弟の国松が家督を継ぐという噂が広まっていることも、お福にはわかっていた。つまり、何もかも承知していたのである。

だが、竹千代の気持ちや性格をいちばんよく理解しているのも、乳飲み子のときからずっと育ててきたお福である。それだけに竹千代を思いのままに、自分の手の鳴るほうへ動かす手立ても心得ていただろう。可愛くないはずがない。愛しくないはずがない。お福は竹千代をかばい続けた。

それは同時に大奥における自分の立場をかばうことでもあるのだが、それだけでなく、お福個人の損得を抜きにしたものもあったに違いない。また竹千代の乳母、育ての親としての対抗意識も働いただろう。

いずれにしても、両親も含め周囲はみな敵に見えたはずの竹千代にしてみれば、自分をいつもかばってくれる乳母のお福は、唯一の味方に映ったはずだ。お福に対して信頼を寄せるようになった。

お福にとっても周りは敵だらけである。家臣たちが国松の部屋を訪れることはあっても、竹千代の部屋にくる者はほとんどいない。

竹千代のご意見番、大久保彦左衛門はこう言ったという。「将軍家の家督を継ぐのは難しいだろう」

（このままでは弟の国松に将軍職を奪われてしまう。そうなれば自分の大奥における権勢の道も塞がれてしまう……）

塞がれてしまえば、連れてきた長男正勝による稲葉家再興の道も断たれてしまう。

そういう危機感に襲われたのだろう。
お福は、その執念が見て取れる行動を起こす。

お福決意の訴え

意を決したお福は、お伊勢参りを口実に江戸城を抜け出て駿府《すんぷ》に向かった。大御所の家康に直訴するためである。竹千代の守役たちがお膳立てをして、お福を家康のところへ走らせたという説もある。

といっても単なる乳母であり、しかも逆臣の娘である。家康に直《じか》にお目通りがかなうはずもない。賢女として名高いお福は家康の寵愛《ちょうあい》する側室（側近とも）を通して、将軍夫婦の国松に対する偏愛ぶりや、幕臣たちの竹千代軽視の実情、それに家督争いの回避などを訴えて、裁断を求めたという。

この辺の手の回し方も、慎重な性格、具眼の女性といわれるお福らしい。家康の側室なら誰でもいいというわけではない。家康の心を動かせるだけの側室でなければ、効果を期待できないからだ。

お福の選んだ側室は上手にとりなしたのだろう。家康は、お福の竹千代に対する忠誠に心を動かされるのである。一六一五（元和《げんな》元）年冬、江戸へ下向したさい、秀忠にこう言う。「兄が主君であれば、弟は家臣である」

また、「竹千代が十六歳になったとき、上洛して将軍とする」と言ったともいわれる。

家康はこう考えたようだ。すでに徳川政権はゆるぎないものになりつつある。そこに家督相続の争いが起これば、徳川政権崩壊の芽になりかねない。徳川政権を安定させるためにも社会的なルールが必要だ。生まれながらの将軍世子である竹千代を擁立し、事実上の長男による家督相続という単純明快な慣例をつくっておくのがよい。

こうして竹千代の家督相続が決定し、江戸幕府最初の、生まれながらの将軍となるのである。ちなみにこれ以降、長男が単独で家督を相続するという形が一般的になったという。

家康が江戸へ下向した年、竹千代はまだ十二歳であるが、以来お福は将軍継嗣としての竹千代から全幅の信頼を得るようになって、大奥において不動の権勢をはっていくのである。

弟忠長の自刃

一六一六（元和二）年四月、七十五歳で家康が没してまもなく、弟の国松は十三歳で甲斐二十五万石を与えられ、名を「忠長」とあらためて大名となった。が、元服前ということで、そのまま江戸城に居住した。竹千代はその前年の十一月、将軍継嗣として西の丸に移っていた。このとき十四歳。三十九歳になっていたお福もいっしょである。この六年後に竹千代は家光と名を改め将軍職に就くのだが、就いたあと、弟忠長を自死に追いやっている。

じつは、忠長にはこういう経緯があった。前記したように、両親は忠長（国松）を寵愛していた。とくに生母お江与の方は、みずから育てたというほど可愛がり、最大の庇護者でもあった。その母が一六二六（寛永三）年九月に没した。すると忠長の行動に奇矯《ききょう》が見られるようになる。たとえば神獣とされてきた浅間神社の猿を千数百匹も捕殺させたり、家臣を手打ちにしたり、非道な行為が目立つようになった。

忠長は、ついに一六三一（寛永八）年、大御所となって西の丸にいる父秀忠から咎《とが》めを受け、甲斐に蟄居を命じられる。江戸を追い出されたのである。理由は「大逆無道」とされたという。すなわち、はなはだしく人倫にそむき、道理を無視した行為をしたというのである。

翌年、秀忠が逝去すると、家光はその翌年、忠長の領地を没収、忠長を高崎へ幽閉した。

その前後のこととして、こんな話がある。あるとき大名のあいだに、「幕閣のなかに忠長を担いで謀反を起こそうとしている者がいる」という内容の怪文書が廻った。忠長は嫌疑をはらすことができなかったという。

幽閉された忠長は追いつめられたと悟り、もうこれまでと思ったのだろうか、この年の十二月に自刃してしまう。二十八歳であった。

お福の画策が、あったのかもしれない。というのも、この怪文書はお福の息子正勝が作ったものだといわれるからだ。大奥におけるお福の権勢は、お江与の方が他界してからさらに増して、まずお福の意思をうかがわないかぎり何もできないほどになっていた。また大御所秀忠の死によって、天下は家光とお福の掌中に握られていたからだ。

いずれにしても、こうしてお福は後顧の憂いがなくなり、人生の絶頂期を迎えるのである。ちなみにお福は、のちに忠長とお江与の方の供養塔を建てている。自責の念があったからかもしれない。

乳母のお福、天皇に拝謁

一六二三（元和九）年、家光が二十歳で将軍職に就くと、お福は家光の後ろ盾も働いて、大奥全体を監督する立場の女中総取締役に就任した。御年寄筆頭のような地位である。

ついにお福は大輪の花を咲かせたのである。このとき四十五歳である。

その四年後、「紫衣《しえ》事件」が起きる。「紫衣」というのは紫色の僧衣で、「出世（住職になること）」した高僧に天皇が下賜するもの。その紫衣が、大徳寺・妙心寺の僧に下賜されると、幕府はそれらの僧の出世が「禁中 並 公家諸法度《きんちゅうならびにくげしょはっと》」の「朝廷がみだりに紫衣や上人号を授けることを禁止する」ことに違反しているとして勅許《ちょっきょ》を無効とし、紫衣の剝奪《はくだつ》を命じた。

幕府は、それに従わなかった僧たちを処罰、流罪《るざい》などにしたのである。そのため天皇の「出世」許可の文書が何十枚も無効になった。恥をかかされた朝廷と幕府とのあいだに軋轢《あつれき》が生じて、緊張関係が続いた。

その打開をはかるため、二年後、大御所（秀忠）の内意を受けて、身分的には将軍の侍女にすぎないお福が家光の名代として上洛、後水尾天皇に謁見、こじれた朝廷との交渉役にあたろうとする。

だが拝謁を拒否されてしまう。無位無官の単なる将軍家の乳母だったからである。そこでお福が頼ったのは、かつて奉公したことのある三条西家《さんじょうにし》であった。このとき朝廷の武家伝奏（武家との取り次ぎ）役に就いていた三条西実枝《さねえだ》に頼んで、その妹という養女縁組みを結んでもらい、中宮（皇后）の和子《まさこ》（秀忠の娘）に参上し、ご機嫌伺いをする。その結果、天皇拝謁が実現した。

お福は後水尾天皇から天盃を授けられ、「春日局」の称号（官職）を与えられたのである。「春日局」という名はこのときに生まれた。これは、足利三代将軍義満の乳母を「春日局」といった先例にならったのだという。

ところが、もともと無位無官の乳母にすぎない者が緋袴《ひばかま》をつけて参内し、天盃を賜るということは前代未聞だった。そのうえ三条西家との養女縁組みは強引であった。それを謁見のあとで知った天皇は、怒り心頭に発し、幕府の意向も聞かずに譲位してしまう。そのため朝廷との関係は修復どころか、ますますこじれてしまう。それゆえ実際に朝廷との関係修復は五代将軍綱吉《つなよし》の時代まで待たねばならなくなる。

じつは、お福の上洛は、朝廷との関係修復というより朝廷の動静を探り、幕府の威厳を示すことにあったともいわれる。

大奥を完全に掌握したお福

とにかくこのようにお福は朝廷との交渉役にあたるほど幕府内でも重きをなし、ますます権勢をふるって、大奥の切り盛りをしたのである。

こんな話がある。ある日、大奥の女中と伊賀者《いがもの》とが密通する事件が発生した。このとき、お福は城外に出かけていた。そのため家光は伊賀者だけを成敗して、女中の処分を保留にしたという。

つまり将軍でもお福の取り締まる大奥には干渉せず、お福に任せたのである。

こうなるまでには、さんざん苦労をさせられたお福である。

家光が愚かで気まぐれであればあるほど、その扱いは容易ではなかった。気まぐれなだけに物事を考えて処理するということができない。こんな話がある。いつも笑っているような草履取りがいた。ある日、家光がその男の顔を見て自分が笑われていると怒り出した。家光は草履取りを斬って捨てろと、堀田正盛に命じた。正盛は斬れなかった。翌日、家光は「斬ったか」と聞く。「まだ斬っていません、今夜にも斬ることになりましょう」と答えた。そんな問答が、翌日もまた翌日も繰り返された。そのうち、家光は尋ねなくなったという。

そんな家光を上手に操縦しながら育て上げ、大奥で権勢をふるう立場になったのである。

お福唯一の憂い

お福が育てたのは家光だけではない。家光の時代、徳川政権は鎖国や参勤交代といった制度を整え、やがて安定化していくのだが、こうした政策を支えていくのは、お福の長男稲葉正勝や堀田正盛ら小姓あがりの近臣たちであった。彼らの多くもお福が育てたのである。彼らは幼いころから、お福の「お袋さま」的な影響力を受け、頭が上がらなかったに違いない。

お福の喜びは大きかったことだろう。大奥といい幕閣内といい、もう何もお福の立場を脅かすものはなかった。あとはどのくらい長く、手にした権勢をはれるかである。

（長く保つには……）

家光の将軍在位が長ければ長いほどいい。だがと、お福はもの思いに沈んだに違いない。

なぜなら、喜びのあとにきた落胆ともいうべき出来事に遭遇したからである。

あるときお福は、真っ昼間だというのに小姓と戯れている将軍家光を目撃した。

（まだ続いているのか……女性はたくさんいるというのに）

そんな思いで家光を凝視したことだろう。

（この先も男色に走り、跡取りがつくれないのでは……）

お福は家光の性癖を真剣に危ぶみだした。

（好き勝手をやらせておくわけにはいくまい……）

家光に跡継ぎが生まれないままでは、いずれ家督相続をめぐって争いが起きる。争いが起これば確立しつつある徳川政権もゆらぎだす。また、もし家光が突如、病没でもすれば、自分も大奥での勢威を失い、権勢をはるのは不可能となる。いずれにしても自分の立場が脅かされる。

（どうするか……）

家光の血筋を自分の尽力で後世に伝える。それができれば、大奥での自分の地位も安泰であろう。幕閣も跡継ぎを望んでいるが、家光をはばかって催促できない。

（頼りは乳母の自分だけであろう……）

思案をめぐらしたお福は、自分のいちばん大きな使命は、家光好みの相手、美少年ふうの娘を物色し、家光にあてがうこと。すなわち側室を確保し、家光に「女性開眼」させることだという結論に達する。

こうしてお福は側室の世話を積極的に行い始め、同時に大奥の制度を調え、制度化していくのである。

春日局は「やり手婆さま」

江戸時代前期、将軍の側室という存在は、正室と比べて格が低いのか同格なのか、とてもあいまいであった。将軍の寵愛を後ろ盾に、世継ぎ問題や幕政に口を挟む側室もいた。それを防ぐため、のちに幕府は、側室は正室より格の低いことを明らかにするのだが、家光の時代はまだあいまいであった。ただどちらにしても、側室ともなれば大奥での権威と栄耀栄華が保証された。本人だけではない。一族も、その権威に与かれた。それほど側室の懐妊能力が期待され、評価されたのは、ひとえに将軍家の血筋を絶やさないためである。将軍世子のないことは由々しき大事であったからだ。

将軍世子となるべき男子を生む側室はどれだけいてもいい。家光の悪癖——男色を矯正し、家光に丈夫な男子をなさしめることが自分の最大の責務である。そう思い定めたお福は、家光に献上する側室を物色する努力を惜しまなかった。

お福が最初に家光にあてがった側室は、自分の血縁の娘「お振《ふり》の方」である。家光が正室（孝子）を迎えた翌一六二六（寛永三）年三月のことで、家光二十三歳のときである。

だがお振の方が長女千代姫を生んだのは、それから十一年後であった。家光が手をつけるまでだいぶ時間がかかっている。三十歳をすぎてもまだ、小姓と戯れていたのである。千代姫は一年後、御三家筆頭の尾張家と縁組みをした。家光に男子が生まれなければ、尾張家当主が将軍候補の筆頭になれるからだ。

お福はまた、「お万の方」という、もと尼僧を側室としてあてがっている。お万の方については、次章で詳しく述べることになるので詳述は避けるが、公家の娘であった。彼女は望まれて十六歳で出家し、伊勢の格式の高い慶光院という尼寺の美しい尼僧となったが、江戸へ下向した十九歳のとき、家光に還俗《げんぞく》させられ、人生を大きく狂わされてしまうのである。

次にお福は「お楽の方」という側室を世話する。こういう話がある。ある日、お福は浅草観音に参詣した。その帰り道、神田で古着商をやっている家の娘、十三歳のお蘭を目にした。家光好みの相手と睨《にら》んだお福はひと目で気に入り、口説いて大奥へ召し上げた。数年のあいだ、お目見え以上の「呉服の間」に就けた。最初からお目見え以上の女中として奉公に上がらせたのは、将軍の目にとまらせたいという意図があったからかもしれない。はたして大奥で恒例の無礼講があったさい、麦搗《むぎつ》きの踊りを踊っているお蘭を家光は見初《みそ》めたのである。

お福にしてみれば、してやったりという思いであったろう。

お蘭は側室となって「お楽の方」と名をあらため、一六四一（寛永十八）年、初めての男子（のち四代将軍家綱《いえつな》）を生む。このとき家光三十八歳、とても喜んで、自分と同じ幼名の「竹千代」と名付けている。その御披露目《おひろめ》のさい、表御殿に居並ぶ諸大名を前にしてお福はこの竹千代を抱いて現れる。この時のお福の誇らしげな様子を目に浮かばせるのは容易だろう。

さらにお福は、正室といっしょに京都から下向してきた侍女（女官）をも側室にした。「お夏の方」である。彼女は、一六四四（正保元）年五月、綱重《つなしげ》（甲府宰相・六代将軍家宣《いえのぶ》の父）を生んだ。彼女は懐妊して出産するまで五、六年かかった。家光四十一歳のときである。

また「お玉の方」という側室は、京都の八百屋の娘だったといわれる。父親の死をきっかけに、十三歳のとき、母の再婚相手のツテを頼って大奥へ奉公に上がった。お万の方の部屋子になったといわれる。生家が八百屋だったせいか快活で、容貌のいい娘に育っていて、立ち居振る舞いも生き生きとしていた。京の町で育っており、京文化を摂取しようとしていた大奥には打ってつけだった。

お福は、これはと直感したのだろう。自分の部屋に置いて、行儀作法を仕込んだうえで、家光の側に仕えさせた。案の定、家光の寵愛をかなり集めて、一六四六（正保三）年正月、徳松（のち五代将軍綱吉）を生んだ。

お玉の方は、大奥のしきたりの理解はむろん、学問にも励み、自分を磨いたという。家光の死後、剃髪《ていはつ》して桂昌院《けいしょういん》と称した。

このようにお福は側室の斡旋《あっせん》ということで、家光の血筋を残すことに全力をあげ、それをみごとに成功させて、大奥において不動の地位を得るのである。

記録に明らかな家光の側室は七人、子どもは早世を含めて五男一女といわれる。お福に初めて側室をあてがわれて、一女をもうけたのが十一年後、それから四十五歳までの十年間に五人の男子をもうけたことになる。

こうしたことから、三十歳すぎても男色にはまっていた家光が、お振の方によって初めて女性に目覚めたことがうかがい知れる。

それにしてもお福はかなりの「やり手婆さま」といえる。ちなみに今でも使われる「お局さま」は、このお福からきている。

春日局の最期

お福は、二十六歳で江戸に下ってから、本来の「お福」という自分を使って、大奥に大輪の花を咲かせたのである。それを可能にしたのは、強固な意志と思い切りのいい決断力、それに行動力であったといえる。

晩年、お福は江戸代官町に屋敷を授かり、三千石の知行を与えられたが病に陥《おちい》り、一六四三（寛永二十）年九月十四日、病没した。六十五歳であった。

お福は病に陥ったとき、薬を用いなかったという。それにはこんな事情があった。家光は二十六歳のとき、天然痘《てんねんとう》をわずらった。お福は東照宮（山王社とも）に参詣し、自分の命に代えてもと家光の快癒を祈り、家光の命が助かるなら、生涯自分は薬を用いないと誓ったという。さいわい家光は死なずにすんだ。それ以来、お福は薬というものを本当に口にすることがなかったという。

だからお福の病が重いと聞いた家光が、「おまえの命が尽きれば、われわれの命運も尽きてしまう。薬をのむのが奉公である」とお福に伝えても、薬を口にせず、この世を去って逝ったお福を悼《いた》んで、家光はこの日一日、一度も食事に箸をつけなかったという。

父母からさえも疎まれていた家光にしてみれば、お福は「お袋さま」的な存在であり、また何物にも代え難い恩人であったことだろう。

いっぽうのお福は、出来の悪い息子ほど可愛いというように、家光を可愛がり、執着した。その実の子のような家光が将軍にまで育ち、よく自分の手の鳴るほうへついてきてくれたという思いがあったことだろう。

お福は薬を服用せずに家光より先に逝ったのは、幸せだったと思える。人は執着するものがあるから安らかに逝けるということがあるからだ。それにもし、家光が先に逝去していたなら、それ以後のお福はどんな反撥《はんぱつ》を食らっていたかしれない。家光がいるからこそ幕閣といえども何もできず、お福に従わざるをえなかったからだ。

お福は死に際し、こういう辞世の歌を残している。

西に入る月を誘《いざな》ひ法《のり》を得て　今日ぞ火宅を逃れぬるかな

「火宅」とは現世のこと。煩悩《ぼんのう》に悩まされる不安なことを、火事になった家にたとえたものだ。「本能寺の変」や「関ヶ原の戦い」が起こるたび人生の歯車を狂わされ、また将軍継嗣問題に奔走するだけでなく、家光に手を焼いたお福は、まさに「火宅の人」だったといえる。

だが大輪の花を咲かせたお福は、大いなる安らぎに包まれながら満足して散っていくことができたように思える。

第五章　お万の方・お喜世の方・お琴の方――大奥に咲いた華麗な側室たち

繁栄のために必要不可欠な側室制度

大奥の女中が権力を握って、御年寄以上に権勢をふるえるのは、側室として将軍の寵愛《ちょうあい》を得たときである。だが将軍の寵愛というものは危ういもの。その対象がいつ変わるかしれないからだ。したがって生涯、大奥で不動の権力の座に就くには、早く将軍世子《せいし》を生んで、将軍の生母となることだった。将軍生母となれば、将軍の代替わりがあってもその権力を失うことはないのである。

それゆえ側室たちは将軍の寵愛をめぐって対立や反目をし、ほかの奥女中たちからは嫉妬の鋭い目で見られた。

側室の扱われ方は江戸時代前期と、それ以降ではだいぶ違う。

江戸時代前期の側室の地位は、正室と比べて格が低いのか同格なのか、まだあいまいなところがあって厚遇されていた。だが幕府はのちに、側室が正室より格の低いことを明らかにし、側室だからといって御中臈《おちゅうろう》以上の地位を与えなくなり、「側室＝奥女中」という認識を定着させた。

だが側室の存在は、単に将軍の愛妾という面ばかりでなく、むしろ平穏に将軍家の血筋を継続していくために必要であった。正室に子ができなかったり、生まれても早世したり、成人にまで育たなかったりすることが多かったからだ。長子相続制のもと、直系の継嗣がないのは致命傷なのである。

とはいえ、将軍が手当たりしだいに手をつけるのも、はばかられる。そのためお手つき用の奥女中を、御年寄が御用掛（御年寄筆頭）と相談してお目見え以上の御中臈の中から選定するようになった。だからどんなに器量よしでも、御年寄の受けがよくなければチャンスがめぐってこない。運良く選ばれても、「お庭のお目見え」という将軍とのお見合いがある。御殿の庭を歩いて姿かたちを観察してもらうのである。

こうして将軍に見初《みそ》められて側室となっても、地位は御中臈止まり。つまり奥女中のままである。御中臈でなく、お目見え以下の奥女中でも見初められることはあるが、そのときは一気に御中臈に昇進する。

いずれにしても将軍家にとって側室の存在は大きい。江戸幕府を通じて、正室のもうけた子が将軍になったのは三代将軍家光だけで、あとは側室の子か養子なのである。

大奥の原型は家光時代に、家光の乳母《めのと》であったお福（春日局《かすがのつぼね》）によってつくられ、五代将軍綱吉《つなよし》時代に調えられたといわれる。

お万の方――公家出身の尼僧

そのお福が男色好《なんしょくごの》みの家光を「このままにしてはおけない」と、積極的に側室の斡旋《あっせん》を始めてから十三年後、女性にすっかり目覚めた家光が見初めた、もと尼僧の側室が「お万の方」である。

彼女は、教養と気品のある公家《くげ》（六条宰相《さいしょう》・藤原有純）の娘で、一六二四（寛永元）年、京で生まれた。

六条家というのは五摂家のひとつである二条家の支流、冷泉院の一族である。身分的には将軍の乳母にすぎないお福が謁見できた後水尾《ごみずのお》天皇とも因縁のある名門である。

そんな由緒ある名門の娘だったが、十六歳のとき望まれて、伊勢神宮の内宮に付属する格式の高い尼寺、伊勢の慶光院に入った。院主の地位は門跡と同様に高く、「紫衣《しえ》」を下賜《かし》される。また江戸に出るさいには道中御朱印伝馬が許可され、人足が付けられたという。

どのような理由で出家し、尼になることを決心したのか明らかでないのだが、名門とはいえ経済的には裕福ではなかったからかもしれない。このころ、公家の暮らし向きはどこも苦しかったのである。

彼女は三年後に院主を継ぐことになった。その跡目相続が幕府に認められると、一六四二（寛永十九）年三月、御礼の挨拶のため江戸へ下向し、登城して将軍家光に謁《えっ》見《けん》した。

このとき、家光三十九歳。謁見に現れたのは若く美しい十九歳の尼僧である。もともと男色の気があった家光にしてみれば、紫衣をまとい凛《りん》とした尼姿の気高さに、女装した理想的な「美少年」を見る思いだったかもしれない。あるいはお福（春日局）によって女性に目覚めていた家光は、若い尼僧に秘められているものがもれてくるのを感じ取ったのかもしれない。

尼僧にしてみれば、公家社会や僧侶世界とは異なる武家社会の、男たちの居並ぶ光景に、思わず自分が女であることを意識させられ、その緊張感に身を引き締める思いだったかもしれない。

ともかく、この出会いが若い尼僧の人生の歯車を大きく狂わせてしまう。

家光は、伊勢に帰ることを許さず、江戸に留め置き、彼女に還俗《げんぞく》を命じたのである。

前章で述べたように、このころのお福（春日局）は積極的に側室の斡旋をしていただけに、家光のそんなわがままを呑み込んで、というより喜んで還俗に手をかし、彼女に期待した。

京文化をもとに行儀作法役も務める

尼僧は戸田氏鎮という大名の養女とされ、名を「お万」とあらためて、徳川家の支族たる御三卿《ごさんきょう》のひとつ田安家の屋敷に住まわされた。田安屋敷で髪が伸びるのを待ちながら、大奥に奉公に上がる心得を仕込まれ、側室「お万の方」に仕立て上げられる。

こうして尼寺で「蕾《つぼみ》」のまま一生を終えようとした尼僧は、外界から隔絶された特殊な世界――大奥という「女だけの館」に足を踏み入れる。尼寺と異なってそこは一生、出る自由のきかないところだが、お万は大奥を選んだのである。

武家のトップにして時の最高権力者、家光の命令に逆らえなかったのかもしれない。あるいは貧しかったがゆえに尼僧にならざるをえなかった運命を一度は受け入れたものの、自分の中に咲き始めていたものを刈り取られたように感じとっていたのかもしれない。

お万は悩みつつ迷いつつ、それを引き受けて生きていく決心をしたのではないだろうか。

いずれにしても、京の文化生活をよく身につけていたお万の方は美しいだけでなく、性格も優しく教養もあって家光に特別よく可愛がられた。

そんな公家社会から大奥に入ってきたお万の方は、大奥女中たちに行儀作法をしつける役も務めた。それを望んだのはお福（春日局）ばかりでなく、家光もそうだったという。ただの側室ではなかったのである。

春日局の後任として大奥を取り締まる

だがお万の方は、大奥で華麗な花を咲かせることができない。子をもうけることが禁じられたからだ。それは老中の内意であったという。

たとえ老中の意向がそうであっても、家光の寵愛に反して懐妊を禁じることなどできたのだろうか。妊娠すれば、水に流すという処置がとられたというが、家光の権力をもってすれば、懐妊も可能だったのではないかという疑問が浮かぶ。

幕閣に、将軍やお福の意思から離れて「懐妊の禁止」ができるだけの力があったとは思えない。天下を握っていたのは二人なのだから。

すでに家光にはお福によってあてがわれた少なくとも二人の側室、お振の方とお夏の方がいる。正室もいる。子も、お振の方とのあいだに一女（千代姫）がいる。お万の方は、子をほしがらなかったのだろうか。

幕府はこのころ、後水尾天皇に仕える女官に対して、こういうことを行っていたという。女官が懐妊すると、幕府から付けた者によって流産させたり、生まれても押し殺させたりしていた。これはおそらく、天皇に入内《じゅだい》していた徳川家康の孫娘・和子《まさこ》（二代将軍秀忠《ひでただ》の五女＝東福門院）の生む子を優先させるためであったと考えられる。

お万の方の懐妊禁止の理由はいろいろ取《と》り沙汰《ざた》されている。武家政権を保持するため将軍家の血脈に皇室や公家の血を入れたくなかったとか、もと尼僧だったからとかである。

だがいずれにしてもよくわからない。お万の方やお福はどういう意向であったのか。それも残念ながら明らかではない。

ともかく、お万の方が家光の側室となってのち、一六四三（寛永二十）年、お福が死去すると家光はこう言ったという。「以後、春日同様、諸事念入申付べし」

こうしてお万の方は春日局と同様に扱われることとなった。春日局を失った家光は、お万の方に期待したのである。

その期待に応えるかのようにお万の方は大奥を仕切り、大奥は一変する。万事、公家風に重きをおき、とくに春日局も望んでいたように行儀作法を厳しくしつけた。大奥の女たちからの受けはよく、大奥は活気に満ちたという。お万の方の性格の良さもさることながら、公家社会の教養と気品が、奥女中たちを納得させたのだろう。また子をもうけられなかったことも、反感をかわなかった要因かもしれない。

家光亡き後も大上﨟として君臨

一六五一（慶安四）年、お万の方が二十八歳のときに家光が病没し（享年四十八）、側室仲間の「お楽の方」の生んだ嫡子家綱《いえつな》が十一歳で四代将軍職に就いた。

通常、正室も側室も将軍が死去すれば剃髪《ていはつ》し、比丘尼《びくに》となって二の丸か三の丸、あるいは桜田御用屋敷に隠居し、将軍の菩提《ぼだい》を弔う生活に入る。

だが、お万の方は家光死後も剃髪をしなかった。新院主という立場にまでなって、その身を捨てた自分が、再び尼僧に戻ることに抵抗があったのだろうか。名を「お梅の方」とあらため、田安屋敷に移った。

四代将軍家綱の生母「お楽の方」は剃髪して宝樹院と称していたが、病身だったため大奥の取り締まりを家綱の乳母に任せていた。その大奥へ戻って、「大上臈」と称される総取り締まりの役に就いた。その立ち居振る舞いは「第二の春日局」と呼ばれるほどであったという。

大奥に戻れたのは、家光の「春日同様……」という言葉もあっただろう。また大奥を仕切る家綱の乳母に、大奥の女たちが不満を感じ、「お梅の方」を望んだのかもしれない。

あるいは側室「お玉の方」の力も働いたかもしれない。お玉の方も、春日局によって家光に差し出された側室である。二十五歳で剃髪し「桂昌院」と称していたが、お万の方は身内のような存在である。こういう話がある。お玉の方は一六二七(寛永四)年生まれで、お万の方より三歳年下である。八百屋の娘であったお玉は十三歳で京都から江戸に下向し、お万の方の部屋子（小間使い）になったといわれる。

お玉の母親が再婚した相手（義父）が仕えていたのが二条家で、お万の方の生家である六条家とは姻戚関係にあった。その縁で、お万の方が大奥へ上がることが決まると、お玉は京都から江戸へ下向し、お万の方の部屋子になったという。いわば、二人は主従の関係である。

お玉は部屋子としてよく立ち働き、そのうえ賢く、すぐれて容色も良かった。このころの大奥は春日局やお万の方によって制度的に京風化されつつあり、幕府も公家文化のもつ権威を摂り入れていた時期であった。

京育ちのお玉の美質が春日局の目にとまったようだ。家光のためにすぐれた側室を選ぼうとしていた春日局は、「これは」と直感したのだろう、自分の部屋子に直し、側室としての教育を施した。

側室同士のかばい合い

部屋子だったお玉が側室（御中﨟）にまでなると、嫉妬にかられた大奥の女たちはその出自を暴いて、お玉をいじめた。そんなとき、お万の方はこう言って励ましたそ

お万の方供養塔（静岡県蓮永寺）

うだ。「辱《はずかし》めを恐れることはない。およばずながら、わたくしが付いている」

そのお玉は、一六四六（正保三）年、二十歳のとき、徳松（のちの五代将軍綱吉）を生んでいる。同じ側室のお楽の方が生んだ家綱は、四代将軍職に就いている。その乳母が大奥を仕切っていた。

お玉の方の中にはお楽の方に対する闘争心ばかりでなく、野望もあったに違いない。家光に信頼されたお万の方の大奥復活を望んだのではないだろうか。

いずれにしてもお万の方は大奥に立ち戻って、総取り締まりの役に就くのである。のちの「御年寄筆頭」のような重職である。

だが、家光が没して六年後の一六五七（明暦三）年一月十八日、明暦の大火が起き、江戸市中の六割が灰になった。江戸城も西の丸を残して本丸、天守閣などを焼失した。

そのためお万の方は、家光に御台所《みだいどころ》の呼称さえ与えられなかった、正室とは名ばかりの「中の丸様」とともに、小石川の無量院に立ち退いた。このとき三十四歳である。

お万の方は、そのまま無量院で余生を送り、二度と大奥に戻ることなく、一七一一（正徳元）年十月十一日、八十八歳という長い生涯を閉じた。

尼僧としての一生を覚悟して出家したくらいだから、お万の方にとって、五十数年にわたる無量院における生活は苦ではなかったかもしれない。だからこそ、長寿をまっとうできたのではないだろうか。

人生は生きてみないとわからないと、大奥での十五年間をつくづく思いながら、日々を過ごしていたかもしれない。

お喜世の方――浅草生まれの僧侶の娘

お喜世は、加賀藩前田家に仕えていた勝田玄哲の娘であった。玄哲はのちに浪人して江戸に出てくると、浅草の唯念寺に世話になり、僧となった。

その坊主の娘としてお喜世は一六八五（貞享二）年、江戸浅草に生まれた。評判の器量よしで「浅草小町」と呼ばれたそうだが、美しいだけでなく、浅草育ちだけに快活な気性の持ち主でもあったようだ。

お喜世は長ずるにおよんで大名屋敷の奥奉公を望んだという。いくつかの屋敷の奥向きに奉公したあと、一七〇四（宝永元）年、甲府家宰相徳川綱豊《つなとよ》の江戸屋敷の奥向きへ奉公に上がった。このとき二十歳である。綱豊は、春日局が三代将軍家光に斡旋《あっせん》した側室の一人「お夏の方」が生んだ綱重の子であり、のちの第六代将軍家宣《いえのぶ》である。綱重の家督を継いで、綱豊は甲府宰相となったのである。

お喜世は持って生まれた容貌の美しさと才知で、綱豊から特別に可愛がられた。その綱豊が、五代将軍綱吉の養嗣子《ようしし》（家督を継ぐ養子）となり、お喜世たち愛妾を連れて江戸城西の丸に入り、名を家宣とあらためた。

坊主の娘であるお喜世にしてみれば、この幸運は棚からぼた餅以上だったろう。武家の最高権力者、征夷大将軍の側室となるのだから。また、このときすでに子を身ごもっていたのである。

一七〇九（宝永六）年五月、家宣が六代将軍職に就くと、お喜世も本丸の大奥に入って「お喜世の方」と呼ばれるようになる。その二ヵ月後の七月、二十五歳のお喜世の方は男子鍋松を大奥で生み、名も「左京」とあらためた。そしてたちまち大奥で重きをなし、権勢を持つようになる。

この時期、大奥で重きをなしていたのは家宣の正室常子と、前将軍綱吉の生母桂昌院（もと側室のお玉の方）であった。正室常子のもとの名は熙子で、輿入《こしい》れするさい常子にあらためられた。常子は摂家筆頭・近衛《このえ》家（近衛基熙《もとひろ》）の娘で、男女一人ずつ子を生んでいたが、すぐに亡くなり、以来、子をもうけていない。

だが「お須免《すめ》の方」という側室の生んだ大五郎という男子がいた。大五郎はお喜世の方が生んだ鍋松と出生が七ヵ月ほどしか違わない、お須免の方は、正室常子が江戸に下向してきたとき京都から連れてきた侍女で、公家の娘であった。二人は公家文化を誇示し、礼儀作法から化粧まで京風にしていたという。

鍋松派と大五郎派の争い

お須免の方が生んだ大五郎がいるかぎり、お喜世の方の子が将軍世子になる可能性はない。

そのため大奥は大五郎派と鍋松派に分かれて対立し、激しい跡継ぎ争いが起きた。

大五郎派の後ろ盾は、公家の血を将軍家へ入れたかったという正室常子、前将軍綱吉の生母桂昌院、それに綱吉の側用人を務めた柳沢吉保《やなぎさわよしやす》であった。いっぽうの鍋松派は、現将軍家宣の側用人である間部《まなべ》詮房《あきふさ》と側室お喜世の方である。

継嗣争いは熾烈《しれつ》を極めるように見えた。なぜなら、この時期、幕府の最高権力者は正室の常子であり、常子は亡き家宣に喜んで迎えられ、夫婦仲も良かった。その常子が大五郎を推したからだ。

常子が輿入れしたのは、家宣がまだ甲府宰相のときであった。その経緯はこうである。一六七九（延宝七）年六月、四代将軍家綱から、甲府家の綱豊と近衛家の娘を縁組みさせるようにという話があり、幕府は左大臣近衛基熙のもとに話を持ち込んだ。その要請を断りたかった近衛家は、断りきれなかったという。

当時、公家というのはどこも武家の援助がなくてはやっていけないほど暮らし向きが楽ではなかった。それゆえ、武家との縁組みはこの上ない幸いであると考える公家は少なくなかった。

だが近衛家には、娘を武家に嫁がせてはならないという先祖からの遺戒があったという。にもかかわらず幕府の申し入れを拒絶できず、意に反して受けてしまった。了承しなければ不都合が生じると考えたからだ。このとき基熙は、思いを日記にこんなふうに記したという。「武家の力は強いので、自分の思いどおりにはいかず、無念千万である」

そこで基熙は一計を案じる。娘を、自分が親しい中納言平松時量《ときかず》の子、養女とした。それが先祖の遺戒に背かない唯一の方法であると考えたという。

武家に限らず公家においても地位が変わるさいには、たとえば綱豊が将軍職に就くさい家宣と名をあらためたように、その地位にふさわしい名前がつけられる。こうして基熙の娘・熙子も「常子」となったのである。

いっぽう甲府家はこの上ない縁組みができたことへの喜びに沸いた。それは近衛家に贈った祝儀の数々の品にあらわれているという。

喜ばれて甲府家宰相の綱豊に迎えられただけに、大奥においても当然、正室常子の存在は大きかった。そういう正室が大五郎擁立の後ろ盾になったのである。

不動の地位を持ったお喜世の方

だが、一七一〇（宝永七）年八月、大五郎が三歳で急死したため、暗闘は止んだ。このとき、二派の暗闘をうかがうことのできる噂——大五郎は殺されたという噂が流れている。

翌年、お須免の方は再び虎吉という男子を生んだ。またもや継嗣争いの再燃かと思われたが、二ヵ月後に急死してしまう。

こうして鍋松の将軍世子としての地位は不動のものとなった。同時にお喜世の方の権勢はなおさら増した。だが、権勢を張るだけではなかった。お喜世の方は自分の教養のなさに気づいたようで、和漢の書を読み、和歌を学びながら鍋松の養育に取り組んだという。おそらく正室やお須免の方、それに桂昌院らの教養に刺激されたのだろう。自分も浅草界隈《かいわい》の坊主の娘であっただけに、とくに八百屋の娘から将軍生母となった桂昌院の影響が大きかったのではないだろうか。

というのも前章で述べたように、京文化の町で育った桂昌院は、大奥のしきたりはもちろん、学問にも励み、自分を磨いた。そんな母親を見て育った徳松（のち五代将軍綱吉）は学問好きの青年に育っていた。将軍職に就くと礼儀や学問を奨励し、湯島に聖堂を建てて孔子を祀り、儒学を奨励した。綱吉自身も儒学の講義をしている。

お喜世の方は、鍋松にもそうあってほしいと願ったのではないだろうか。のちに『車玉集』という歌集を残すくらいの教養を身につけている。

ところが三年後の一七一二（正徳二）年十月、家宣が五十一歳で他界してしまう。将軍在位、たった三年五ヵ月ほどだった。このとき鍋松は四歳である。

二十八歳で寡婦《かふ》となったお喜世の方は剃髪して「月光院」と称す。月光院は、我が子鍋松がまだ幼いということで、剃髪しても本丸の大奥に留まった。

翌年春、鍋松は名を家継とあらため、わずか五歳で七代将軍職に就いた。もちろん幕政を見ることはできない。そこで亡き家宣の寵臣だった間部詮房が家継の側用人となった。

詮房は、家宣が甲府宰相のころから重用してきた家臣である。その詮房が、いつも傍らにいて、老中の上請も扱うほどの権勢を握った。仕事熱心で、城中で起居することが多く、自分の屋敷に帰るのは一年に四、五日くらいだったという。それだけに出世も早かった。

だが、嫉妬が生まれ、あることないことを噂された。まだ若くて器量のよい月光院との関係である。これには当時、大奥の風紀が乱れて、「絵島」という月光院付きの御年寄が起こした「事件」が影響しているといわれる（絵島生島事件は次章で詳述）。このとき月光院は自分のお気に入りの絵島に対する幕府の厳しい処分をくいとめることができない。ということは、月光院の力は絶対的なものではなかったともいえる。あるいは自分にも後ろ暗いところがあったのかもしれない。

ともかく月光院は詮房という後ろ盾もあり名実共に実権を握って、大奥であがめられるようになり、権勢をふるう。幕政にも口を出すようになるのは自然の成り行きであった。

こうして幕政は、二人によって行われるようになるのである。

側用人と将軍生母の秘密関係

それにつれてますます大奥には二人の噂が飛び交った。

この時期（一七一五年）、亡き家宣の正室で、今は剃髪して天英院と称している常子は五十四歳。七代将軍家継は七歳。月光院は三十一歳。間部詮房は五十歳である。

家継はまだ幼いので生母月光院の側にいることが多い。したがって家継の側用人である詮房も、月光院と同席することが多くなる。

そんなことから、憶測が生まれたらしい。まだ若い月光院には秘められた情熱を燃やす相手がいない。かといって大奥を出るわけにもいかない。側にはいつも器量よしの詮房がいる。成熟した大人の女と男である。大奥の女たちが黙っているわけがない。

（二人は、できているのではないか）

奥女中たちはただでさえ嫉妬、勘ぐり、噂好きといわれる。そんな噂が流れたにすぎないのかもしれない。

あるいは、月光院付きの御年寄として大奥を仕切る絵島を嫌い、追放したい天英院付きの奥女中たちが故意に流したのかもしれない。

いずれにしても月光院は、自分が噂を立てられているのはもとより承知のうえで、慎もうとしなかったようだ。いつも大奥から絃歌（琴や三味線をひき、歌を歌うこと）の絶えることがなかったという。

月光院はもともと下町育ちの江戸っ子で、奥女中にありがちな、表面ではよく見せかけて、陰でこっそり良くないことをするというところがなく、単に遊び好きで派手好きであっただけかもしれない。

詮房にしても、大奥泊まりなどできるはずがなく、また月光院が詮房の部屋に行かれるものでもないだろう。大奥の複雑な構造やしきたりを無視できるほどの絶対的な力が、月光院にあったのだろうか。もしそこまで風紀が乱れていたのなら、幕閣が看過するだろうか。ともすれば、ここぞとばかりに詮房を断罪したのではないだろうか。

天皇家との縁組み

ともかく、幕府は将軍家継が七歳になると、縁組み相手に皇女をと、霊元《れいげん》法皇（出家して法皇）に願い出た。それは天英院と月光院の願いでもあったという。

天英院にしてみれば、自分を喜んで迎えてくれ、後ろ盾となってくれた武家の最高権力者である家宣を失い、寄る辺ない身である。大奥で自分の後ろ盾になってくれるような、身内に等しい頼りになる誰かがいてほしい。そんなときに家継の縁組み話である。皇女をという発想は自然だったろう。そんな願いをかなえてくれそうな縁のある最高権力者といえば、京都の霊元法皇しかいない。それに幕府も乗ったのである。

月光院にしてみれば、我が子に天皇家の姫君、すなわち皇女を迎えられるなど、この上ない幸福である。

結果、法皇から「将軍家と天皇家の縁組みは朝幕関係のために珍重に思う」という返事があり、二歳の姫君（八十宮《やそのみや》）との縁談が進められた。天英院の強い願いが、功を奏したのである。

なぜ、幕府は皇女降嫁の話に乗って、それをすすめたのだろうか。徳川政権はゆるぎないもので、幕末のようにあえて公武合体を促進しなければならないほど、皇女降嫁を必要としていないはずである。

こんなような指摘がある。「幼い将軍では、将軍の権威が低下するという危機感があった。それをゆるぎないものにして天下に知らしめるには、皇女降嫁が最も有効な手段と考えられたからだ」

幕末の天璋院篤姫《てんしょういんあつひめ》や皇女和宮《かずのみや》のときのような縁組み、すなわち政略的なもくろみがあってすすめられたものでないことは確かである。これ以降、幕末に降嫁した皇女和宮にいたるまで、天皇家との縁組みは行われていない。

こうして縁組みの成立した幼い八十宮は、江戸城大奥に入るまで将軍の婚約者として過ごすことになる。そのための新御殿が必要となり、その造営は京都で順調に進められた。

月光院はまさに我が世の春を謳歌《おうか》していたことだろう。奥向きの奉公を望んだとはいえ、将軍家に奉公することになるなど思ってもみなかった自分が、将軍生母にまでなり、どんなぜいたくも許される立場になった。そのうえ我が子の嫁は皇女と決定した。

月光院は坊主の娘のままではけっして咲かせることのできなかった大輪の花を咲かせたのである。

将軍家継の死

だが、月光院の得意の絶頂はそう長くは続かない。

我が子家継の縁組みが決まった翌年、一七一六（正徳六）年の春、生まれつき病弱であった家継が風邪をこじらせて危篤に陥り、急死する。八歳であった。

我が子の成長する姿にさまざまな思いを重ねていたに違いない月光院は、痛恨の極みであっただろう。

けれどもこんな話もある。春のある日のことだった。月光院は家継を連れて吹上《ふきあげ》御庭を歩き、御庭で酒宴を始めた。数日前から家継の体の調子は悪く、容体の急変が見られたのだが、月光院は酒宴を打ち切ろうとしなかった。そのため家継の病状はさらに悪化し、危篤状態に陥った。このとき間部詮房も同席していたという。

だが男子禁制の厳しさは吹上御庭や芝の浜御庭にもある。「御締め」という慣行があった。これは将軍が御台所や側室を連れて御庭に出かけるさい、庭内を閉め切って、お供の御側衆《おそばしゆう》、御小姓でも締め出すというものである。つまり、男は入れないのである。

詮房を連れていたということは、その慣行を月光院が破ったということなのだろうか。あるいは、ためになされた事実をいつわった「誣言《ふげん》」かもしれない。

それはさておき、こうして、家継の死によって江戸時代における初めての天皇家と将軍家の縁組みはならなかった。

だが縁組み相手の八十宮はすでに結納の儀もとどこおりなく終えていたことから、生涯、家継の婚約者として過ごさなければならなくなる。新御殿ができると移って、十四歳になるとお歯黒をし、二十歳になると剃髪して尼となった。その後、一七五八

（宝暦八）年九月二十二日、四十五歳で没するまで、家継の未亡人として生きたのである。こういう「蕾《つぼみ》」のまま立ち枯れていく悲しい一生も、当時の女性にはあった。

ともかく家宣と我が子の早すぎる死。天皇家との縁組みの不成立。この相次いだ不運がなければ、月光院は大奥で末永く権勢をふるうことができたはずである。

とはいえ、この後がとくに不幸だったというわけではない。我が子家継を失うと、すぐさま八代将軍を誰にするかで、詮房と画策をし始める。このとき月光院は三十二歳である。

亡き家宣の正室天英院は、義弟にあたる館林城主の松平清武の擁立を主張した。だが月光院は、清武は家宣の弟とはいえ、すでに臣下となった者、将軍家にふさわしくないと主張し、反対する。すると天英院は御三家筆頭の尾張家の徳川継友を推した。その対抗上、月光院は紀州の徳川吉宗《よしむね》を主張した。このとき詮房は、家宣から臨終のさいに後事を託されたとして、家宣の遺言を持ち出し吉宗の擁立を推したのである。

月光院の死

こうして八代将軍吉宗が誕生する。

八代将軍職に就いた吉宗は、いわゆる「享保の改革」を行い、最初に手をつけたのが、経費の節約で、なかでも大奥の経費節約であった。そのため千人とも二千人ともいわれる奥女中たちのお給料も半減した。だが月光院の住まう吹上御庭の御殿の奥向きだけは例外であったという。こうしたこともあって、吉宗と月光院との噂も出てくるのである。とにかく月光院は男好きのするところがあって、同性から嫉妬をかうタイプであったようだ。

その月光院も、一七五二（宝暦二）年九月十九日、この世を去る。六十八歳であった。

徳川家重

月光院は最初から将軍の愛妾だったわけではない。甲府家の江戸屋敷に奉公に出て、綱豊に見初められた。綱豊とのあいだにもうけた子は、普通ならば将軍世子になるはずがなかった。たまたま綱豊が家宣と改名して将軍職に就いたので、将軍生母となった。それも綱豊の異腹の兄たち三人が次々に没したため、転がり込んできたのである。狙っていたわけではなかった。それだけに自分を抑えられず、有頂天になってしまい、嫉妬をかったのかもしれない。

ところで江戸時代後期になると、庶民、たとえば八百屋の娘から大奥へ上がって側室として出世するのは難しくなる。九代家重《いえしげ》以降、生母は旗本か公家の出となり、身内の重用もなくなる。十代家治《いえはる》以降、側室で「お腹様」「お部屋様」「御内証御方」などと称されるのは将軍世子を生んだ女性に限られ、それ以外の側室の地位は御中臈《おちゅうろう》、すなわち「奥女中」にすぎないという認識となった。

そういう点からも坊主の娘であった月光院は不運にも遭遇したが、より多くの幸運にも恵まれていた。人の運不運は定めがないようである。

お琴の方――紀州の名門水野家出身の側室

将軍の側室になる女性の家柄はけっして高くない。家柄が高ければ、大奥で一生奉公をする必要もないからだ。大奥に奉公する女たちは千石取りの娘はごく稀で、ほとんどの女性たちは二、三百俵取りの下級武士の娘たちである。

その点、この側室「お琴の方」はちょっと違う。三万五千石の城主を父に持つ姫であった。それなのに大奥へ奉公に上がり、そのうえ二の丸御殿の模様替えにきた御大工職人と情を結んでしまうのである。

そのお琴の方の本名は「お広」という。紀州藩新宮の城主・水野忠啓《ただあき》の四女で、水野忠央《ただなか》の妹である。お広の生年は不詳だが、兄の生年は一八一四（文化元）年である。お広は四女ということなので、だいぶ年下と考えられる。

お広の人生は、兄の忠央と切っても切れない関係にある。

忠央は第二章で記したように、天璋院篤姫から「大奸物《だいかんぶつ》（たぐい稀なる悪人）」といわれた男である。その経緯を簡単に説明しておこう。

篤姫の夫、家定《いえさだ》（十三代将軍）は生まれつき病弱で、性的に不能ともいわれていた。そのため、前将軍家慶《いえよし》の生存中から跡継ぎの擁立争いが起きていた。家慶没後、一橋慶喜《ひとつばしよしのぶ》（のち十五代将軍）の擁立をすすめようと薩摩藩主の島津斉彬《なりあきら》らによって大奥に送り込まれた篤姫は自分の意中を、御年寄を通じて斉彬の家臣・西郷吉之助（隆盛）に伝えた書状のなかで、「大奸物」という言葉を吐いたのである。

水野兄妹の父親は、紀州家の「附家老《つけがろう》」であった。

西郷吉之助（後の隆盛）

附家老というのは国家老と違い、家臣ではない。御三家をつくるさいに、家康から附属された後見役である。尾張家には成瀬氏・竹越氏、紀州家には水野氏・安藤氏、水戸家には中山氏が付けられた。その藩の家臣ではないので、藩主がほしいままに附家老の禄を増減したり、また当人を処分したりすることはできない。附家老の禄は幕府から与えられていて、本人たちもそれぞれの城、あるいは陣屋をかまえていた。江戸に参府もするし、江戸屋敷もかまえている。格式は老中に準じているが、老中ではない。後見という役目上、大名のようで大名ではないので、大名の扱いを受けられない。大名の外におかれていて、幕府の役に就くことを禁じられていた。

つまり、水野家は幕政には関与できなかったのである。

そのため、附家老は自分の手腕を、それぞれの藩の中で発揮するほかなかった。だが藩には国家老がいるので、実際には手腕の発揮はしにくかったのである。

野心を打ちあける兄

水野家の家督を二十二歳で相続した野心家の忠央は、附家老が幕政に関与できないことが不満であった。大名と同じように手腕を発揮したかった。

だが、幕府にしてみれば、優れているからといって忠央の手腕を買って、彼だけを特別扱いすることなどできない。慣習を重んじるからだ。慣習を破ることのできる人物がいるとすれば、それは将軍だけである。このときの将軍が十二代家慶であった。

忠央は将軍に近づく手段として、妹のお広を大奥奉公に出すことを考えつく。お広は容貌がよく、そのうえ利発で人柄もよかったからだ。万一、妹が将軍生母ということになれば、水野一族はとんでもない権力と富を掌中にできる。おそらく忠央は、思いをいろいろとめぐらしたことだろう。

兄の話を聞いた妹は、さすがに初めは拒絶したという。だが熱心に説得する兄に、お広はついに納得する。「御家のため」という兄の言葉に折れたのである。

だが、三万五千石取りの水野家の姫として奉公に上がったのでは、何かと勘ぐられるおそれがある。そこでお広を、ある二百俵取りの幕臣（小身旗本）の養女ということにした。都合のよいことに、その旗本の妹も西の丸の大奥に仕えていた。縁やツテがあると、大奥へ上がりやすい。そこで小身旗本を仮親として、お広を大奥へ送り込むこととなった。

普通なら、三万五千石の城主の姫が、たかが二百俵取りの養女になるということは考えられない。そこまでする忠央の決意、野心のほどがわかる。こういう政略的な側室送り込み工作もあったのである。

家慶の寵愛を一身に集めたお琴の方

大奥奉公で神経を遣うのは、同僚や先輩後輩との交際である。お目見え以下から始める奥女中の年俸は、交際費をまかなえるほど多くはない。円滑な付き合いをしていくには実家からの付け届けが頼りとなる。それらを歳暮や暑中見舞いなど、ちょっとした付き合いの印として配ったりするのだ。また宿下がりをして大奥に戻ってくるときのお土産代などの金銭も、実家に頼ることが多かった。とにかく出費がかさむのである。

その点、お広はほかの奥女中と違って家柄がいい。しかも政略的に送り込まれてきたのだから、金銭に糸目がつけられることもない。その結果、大奥の女たちの受けもよく、評判がよかった。

やがてお広は、十二代将軍家慶の目にとまって側室となり、名を「お琴」とあらため、「お琴の方」と称される。

お琴が大奥にあがったころには、家慶はもう晩年という年回りで、幸いにもお琴の競争相手になるような側室がいなかった。正室も側室も将軍の相手をつとめるのは三十歳までで、それ以降は「お褥《しとね》すべり」といい、「陰事」すなわち性的行為をしなくなる。そのためお琴の方は、晩年の家慶の寵愛を一身に集めることに成功する。

お琴の方は、一八四五（弘化二）年に最初の男子を生んでいる。残念ながらこのとき何歳だったのか不詳だが、兄の忠央は、このとき三十二歳である。以後、お琴の方は八年間に二男二女をもうけた。家慶五十三歳から六十歳までの八年間、ほかに家慶の子は生まれていない。したがってこの期間、どれほど家慶が彼女を寵愛したかがうかがえる。

だが、もうけた男子は早世した。しかも家慶は六十一歳で病没したため、忠央の野心はついえてしまう。

お琴の方は剃髪して（院号不明／和光院とも）、二の丸（桜田御用屋敷とも）に移った。家慶の位牌《いはい》を守りながら静かな生活を送るためである。

だが、十三代将軍職に就いたのは、病弱で、精神的にも病んでいた篤姫の夫・家定である。そのため早くも跡継ぎの選定をめぐって争いが起きる。一橋慶喜を推す「一橋派」と紀州の慶福《よしとみ》を推す「紀州派（南紀派とも）」が、大奥を巻き込んで対立した。

水野家にとって紀州家はいわば旧主である。紀州派につくのは当然であった。忠央は再び妹のお琴の方をつかって、大奥工作をさせる。紀州慶福を将軍継嗣とする方向で大奥をまとめさせ、果たせなかった夢を果たそうと考えたのである。

このようにお琴の方の大奥人生は、兄の野心から始まって、そして終わるかのように見えた。

けれども篤姫が家定に輿入れする前の年に、前代未聞の「事件」が起きたのである。

静かな後家生活がゆらぐとき

お琴の方は家慶亡き後、二の丸で静かな生活を送っていた。だが人にとって平穏とはしばしのことなのかもしれない。平穏な生活はそう長く続かなかった。一年ほどしたころ、お琴の方は情痴事件を起こしたのである。

事の起こりは、二の丸御殿の御広座敷《おひろざしき》の模様替えであった。模様替えのためには、男子禁制とはいえ、職人を入れないわけにはいかない。毎日、御大工棟梁《とうりょう》などが出入りするようになった。

こういう大奥の修理や普請などが行われる場合、御年寄が「留守居」の役人（男）に報告することになっていて、その監視のもとに作業が行われる。

御大工棟梁たちといっしょに出入りする大工職人のなかに、幸次郎という男がいた。その幸次郎の顔が、大奥の女たちの噂になった。芝居役者の沢村宗十郎や岩井半四郎にそっくりだという。

そんな奥女中たちのする噂話が、お琴の方の耳にも届いていた。

ある日、その幸次郎が座敷の模様替えについてお琴の方の意向を聞いてきた。それをきっかけにお琴の方はみずから口をきく機会をもった。

幸次郎はまだ三十歳前に見えるが、とても穏やかで、奥女中たちが噂するのもうなずける容貌であった。自分も参詣のさいに役者絵を見て知っていたからだ。

お琴の方は、暇を見ては幸次郎を呼ぶようになった。江戸の世間話を聞くためである。

幸次郎は話し上手であった。お琴の方やお付きの女中たちを退屈させなかった。

そのうち、模様替えの工事も終わった。そのときにはもう二人のあいだには、心を寄せ合う気持ちが生じていた。だが、それを打ち明けることができないまま二人は別れたのである。

前代未聞の不倫関係

幸次郎を忘れることのできなかったお琴の方は、ある日、増上寺への参詣を口実にして、二の丸を出た。城外に出られるのは、寺社に参るときくらいなのである。

わずかの供のものを連れて出たお琴の方は、まず増上寺へ行って参詣をすませると、大奥御用達《ごようたし》の呉服商に立ち寄った。

これは、代参や参詣の折に奥女中たちがいつもしていることで、珍しいことではなかった。寺では代参でくる奥女中たちを退屈させないために若衆を用意して、酒宴を開いたりすることも珍しくない。呉服商の家でも同じである。奥女中たちの歓心を買うために、彼女らの息抜きに尽力する。後述する「絵島」という実権のある御年寄のように、代参の帰りに芝居見物を手配させる者もいる。よほど派手なことをしないかぎり、寺社奉行の役人も見逃していた。それが一生奉公の大奥の女たちの息抜きとわかっていたからだ。

呉服商に立ち寄ったお琴の方は、幸次郎のところへ使いを出し、再会した。それからというもの、参詣にかこつけて逢瀬《おうせ》を重ねるようになった。

お琴の方は自分のしていることが公になれば、どうなるか十分に承知していたはずだ。幸次郎も、将軍側室と知っていながら情を通じている自分がどうなるかわかっていたはずだ。

命がけとわかっているだけに、二人の気持ちはなおさら燃え上がったことだろう。いっそう大胆に逢瀬を繰り返した。

ついに二人の逢瀬は世間の噂にのぼるようになった。比丘尼《びくに》となった将軍側室と大工職人という、あってはならない組み合わせの恋は、江戸っ子たちの格好の話題になったという。

お琴の方の最期

こうして幕府も知ることとなるのだが、表沙汰にはしなかった。できなかったのである。お琴の方は家慶の位牌を取り上げられ、とうとう自害したとも、また幕府に手打ちにされたともいわれる。

こんな説もある。事件が表沙汰になれば、水野家の断絶も考えられる。それを恐れた兄の忠央は、「兄急病」といつわってお琴の方を浄瑠璃坂《じょうるりざか》の屋敷に呼び出し、剃髪した身にあるまじき行為と手打ちにして、頓死《とんし》ということで処理したというのである。このとき忠央は四十二歳である。

篤姫は家定に嫁いでから、忠央のあからさまな妹利用のことや、この事件の噂や顛末《てんまつ》を耳にしたに違いない。それがあって忠央を「大奸物」と非難したと考えられる。

人というのは日々、新たな時間の中を生きている。その新しい時間を新しい生活で満たしながら生きたいと意識するのは、とくに女性かもしれない。

兄の野心に利用された妹は自分の使命が無駄に終わった今、若くして禁欲的な隠居生活を送るより、今度はみずからの手で歯車を回してみようと、大胆にもそれをしたのなら、三万五千石の城主の姫君であったからこそ、できたことなのかもしれない。

出会ってから一年余、情熱を燃やし尽くし、花を咲かせることができたのではないだろうか。

その一年は一瞬だったろう。けれどもそれを永遠と思えるのが青春であり、お琴の方は遅ればせながらそれを味わえたのかもしれない。

幸次郎は、その後どうなったのか、明らかではない。

ところで、兄の忠央がお琴の方にさせた大奥工作は無駄にならなかった。のちに紀州派は慶福を擁立できたからである。それでも、忠央は大名に列することはできなかった。しかも一八六〇（安政七）年三月三日、紀州派の大老・井伊《いい》直弼《なおすけ》が桜田門外で暗殺されると、威勢を取り戻した尊王攘夷《そんのうじょうい》派によって同年六月、隠居謹慎を命じられ、のち紀州新宮に蟄居《ちっきょ》させられた。附家老という職が解かれたのはそれから八年後、一八六八（慶応四）年一月で、ようやく大名として扱われることとなった。

だが、すでに幕藩体制は崩壊寸前だったのである。

第六章　絵島——大奥いちばんの実力者「御年寄」の密通事件

甲府家の使用人から大奥奉公を実現

大奥のすべてを取り仕切る御年寄というのは、表の老中ほどの格と権威がある。自らの能力を存分に発揮して、その御年寄にまで昇りつめた大奥女中と歌舞伎役者との密通事件、それがいわゆる「絵島生島事件」である。

事件を起こした「絵島」は、六代将軍家宣《いえのぶ》の側室「お喜世の方」に仕える御年寄であった。

絵島とお喜世の方との関係は切っても切れない密接な関係にある。

お喜世の方は、将軍家宣がまだ甲府家宰相（徳川綱豊《つなとよ》）だったころ、江戸の甲府家の奥向き（桜田御殿）にいた側室の一人で、絵島は、そのお喜世の方に仕えていた女中であった。

甲府家に幸運にも六代将軍職が回ってくると、綱豊は名を家宣とあらためて、妻妾と側近の間部《まなべ》詮房《あきふさ》や新井白石らを引き連れて江戸城本丸に入った。

同時に絵島も、お喜世の方といっしょに甲府家の桜田御殿から大奥に移った。

絵島はこうして大名のお屋敷奉公をへて、運良くその最高峰である大奥奉公を実現したのである。このとき二十九歳である。

側室のお喜世の方は大奥に移ったとき、すでに身ごもっており、二ヵ月後に男子鍋松を生んで、将軍継嗣の生母になりうる地位に就いた。

その三年半ほどのち、家宣は五十一歳で没した。正室（御台所《みだいどころ》）の常子（摂家筆頭近衛《このえ》家の娘）は剃髪《ていはつ》して「天英院」と称し、側室のお喜世の方も剃髪して「月光院」と称した。

その月光院の信頼を得て、絵島は御年寄に昇進し、大奥に大輪の花を咲かせるのである。

沈着冷静な絵島の人柄

絵島は本名を「みよ」といい、一六八一（天和《てんな》元）年、江戸で生まれた。下級武士であった父親が死去したため、母の再婚相手の御家人・白井平右衛門久俊の娘として育てられたという。また一説では、市村竹之丞座で看板を叩いて客の呼び込みをしていた男の娘「初音」だったともいわれる。

とにかく絵島は容色にすぐれ、才気ある女性であったそうだ。十四歳から尾張家や紀州家の江戸屋敷に奉公に上がってキャリアを積み、その後、甲府家の桜田御殿に勤め始めたようだ。初めは奥女中のなかでも低い役職からスタートし、十分な栄養を「蕾《つぼみ》」に蓄え、しだいにふくらませ、江戸城大奥でみごとな花を咲かせるのである。

側室のお喜世の方（月光院）も絵島同様、さしたる後ろ盾もなく十六、七から江戸の武家屋敷の奥向きへ奉公に上がっている。奉公の身の苦労を知っている者同士ということもあって、意気投合したのかもしれない。

いずれにしても、絵島が月光院付きの御年寄になったことは、記録から確かなのである。絵島はお喜世の方によく尽くしたようだ。そんな絵島をお喜世の方も頼りにし、御年寄にしたのだろう。そのときから「絵島」という、仮名で三文字の名を名乗ることになったと思われる。絵島はこのとき三十一歳である。

御年寄に昇進した絵島は、月光院を後ろ盾に大奥を取り仕切るようになった。だが、もともと御年寄になるだけの器量を持っていたようだ。こんな話がある。

ある日のことだった。秘蔵していた絵島の「こうがい」がなくなった。お付きの女中に聞くと、某《なにがし》という女が針箱に隠しているという。すると絵島はこう言ってのける。

「それなら、かまわぬ。よほど欲しかったので盗んだのであろう。そんなに欲しがっているものを取り戻して、何になる。捨ておこう。このこと他言無用」

城外に出て遊蕩三昧

大奥の実権を握って威勢を広げだした絵島と月光院は、亡き家宣の正室であった天英院と将軍継嗣の問題で対立、反目する。

家宣には鍋松より七ヵ月ほど先に生まれた大五郎という男の子がいた。生母は「お須免《すめ》の方」という別の側室で、正室（天英院）が江戸に下向してきたときに京都から連れてきた侍女で、公家《くげ》の娘であった。

鍋松は、大五郎がいるかぎり将軍継嗣になる可能性が少なかった。そのため大奥では将軍継嗣をめぐって、大五郎派と鍋松派に分かれ、両派の暗闘が繰り広げられた。

天英院にすれば、自分の子を継嗣にしたい。ところが男女一人ずつ子を生んではいたが、すでに亡くなっていた。以来、できていない。公家の血を将軍家へ入れたかった天英院は、自分の連れてきた侍女が生んだ大五郎の擁立を主張した。その後ろ盾となったのが前将軍綱吉《つなよし》の生母桂昌院《けいしょういん》、それに綱吉の側用人を務めた柳沢吉保《やなぎさわよしやす》ら、保守派の譜代勢力であった。

いっぽう甲府家から来た家宣の側用人である間部詮房や新井白石といった重臣や儒学者、それに絵島らは、当然、鍋松の将軍継嗣を望んだ。

幕閣にしてみれば、とくに古くからの老中にしてみれば、彼らは外（甲府）から来た余所者《よそもの》の新興勢力である。その勢力に実権を握られるのは承服しかねることだった。

また月光院や絵島の、まるで権勢をほしいままにするかのような振る舞いも捨てておけなかった。とくに大奥の風紀を紊乱《びんらん》させるのではないかと思われるほどの月光院派とその支配下にある奥女中たちの乱行ぶりが耳に入ってくる。代参や神仏祈願を名目に、城外に出ては遊蕩《ゆうとう》を繰り返していたようだ。いつか手をつけなければならない事案であった。

当時、奥女中たちは代参などで外出したさい、芝居見物をしたり、舟遊びをしたりして息抜きをするのは、本来禁止されているものの、もはや慣例となっていた。なかには若衆と遊ぶ者もいた。参詣する寺の役僧などが奥女中たちの歓心を買うため、かなりきわどいこともやっていたという。代参名目で城外に出る機会をつくるのも寺で、見返りは彼女たちの「お包み金」である。

代参させる御台所や将軍生母にかぎらず、幕府（寺社奉行）も彼女らが息抜きをすることを内々に承知していた。公然とやらないかぎり、あるいは度を越さないかぎり見逃していた。そういうことでもなければ、一生奉公を原則とする大奥女中たちは息抜きもできまいと考えていたからだ。だが、しだいに代参は口実となって、芝居見物など遊びを目当てに外出するようになり、空の駕籠《かご》だけが寺にくるようなこともあったという。

奥向きしか知らない絵島の派手な息抜き

絵島の場合、御年寄になる前からちょくちょく芝居見物に出向き、役者の生島新五郎と会っていたという話だ。御年寄になると、御用にかこつけてお付きの奥女中を引き連れて出向くようになったようだ。そのせいか、大奥ではこんな噂が飛び交った。

「役者に金銭を与え、付け届けをしては呼び出し、忍び逢っているらしい」

出世するにつれて、金銭的に余裕が出てくる。もし噂が本当なら新五郎への「金銭」や「付け届け」が増えたことだろう。役者にとっても御年寄の絵島は「上客」である。二人の関係が大人のそれにならないはずがない。

また、絵島は月光院のお気に入りである。その絵島が権力をほしいままに行使できる大奥の御年寄であれば、利得に目のない御用商人たちも擦り寄ってくる。

だが絵島は御年寄という重職に就いていても、若いころから奥向きだけに奉公をしてきた身。そんな日常生活と仕事に境目がない奥向きでの暮らしでは、世の中といえば、「大奥」でしかない。渡る世間にいる「商売人」というものを知らない。その絵島を、大奥出入りの老練な御用商人が操るのは、赤子の手をひねるに等しいことだったろう。月光院の後ろ盾もある絵島に対する饗応《きょうおう》が派手になっていくのは当然であった。

大輪の花を咲かせた絵島は有頂天になってしまったのかもしれない。行動がさらに大胆になっていった。

また鍋松を生んで大奥において重きをなす月光院も、その威勢を日増しに広げていた。

こういう絵島や月光院の振る舞いが、幕閣を刺激しないはずがない。

(ここはなんとしても……)

早急に大五郎を継嗣と定め、大奥と新興勢力の粛正をしたいと保守派の譜代勢力は考えたのである。暗闘は熾烈《しれつ》さを増すように思えたが、しかし、あっけない終わりを迎えた。大五郎が三歳で急死したからだ。

将軍継嗣は鍋松と決定、月光院は将軍生母という地位を手に入れた。

こうして絶対的な権力を掌中に収めた月光院と絵島は本格的に権勢をふるいはじめ、月光院は間部詮房と二人して幕政にも口を出すようになるのである。

七代将軍誕生でますます勢力盛んに

一七一三（正徳三）年、わずか五歳の鍋松は名を家継とあらためて七代将軍職に就いた。

将軍生母となった月光院は、このころ二十九歳という若さである。その行動はさらに大胆なものになった。側近の間部詮房との関係を噂されたほどである。こんな話がある。いつも大奥から絃歌が聞こえ、また夜は遅くまで大奥の灯が消えなかったという。間部詮房が同席していたかどうかは不明だが、夜毎に酒宴を張っていたらしい。ひょっとしたら狂言師やら、役者を呼び込んでいたのかもしれない。

狂言師というのは前述したように女性で、大奥に招かれて歌舞伎を演じたり、奥女中たちに歌舞音曲を指導したりしていた。それに「といちはいち」という女性の同性愛の指南もしていた。

また、男も大奥に忍び込んでいた可能性がある。というのも三年後、八代将軍職に就いた吉宗《よしむね》は、大奥の改革ということで、奥女中たちに誓約書を提出させている。そのひとつに「番所より奥へ男一切出すべからさること」とある。また「長持ち、櫃《ひつ》、つづらなどの出入りのさいは十貫目（約三十七・五キロ）までは蓋をあける必要はないが、それ以上のものは蓋をあけてあらためること」などともある。

大奥に持ち込まれる長持ちなどに男が忍び込んでいないかを確認しろというのである。

ということは、隠れて大奥へ忍び込んでいた男がいたに違いない。ひょっとしたら絵島も、役者を長局《ながつぼね》に連れ込んだことがあるのかもしれない。

男子禁制の大奥であっても、抜け穴がいくつかあったようだ。内と外がその気になれば、抜け穴をくぐれたようなのである。比丘尼《びくに》に変装した少年僧の忍び込みもあったらしい。

いずれにしても月光院の乱行の噂が大奥中を駆け巡った。そのため大奥が乱れたともいわれる。

だが、いさめる者がいなかった。将軍生母として権力をふるう月光院と、将軍家継の側近として大奥に出入りする間部詮房に、もう譜代保守派の老中は手をこまねいて見ているよりほかなかった。出口のない反撥《はんぱつ》と嫉妬が幕閣内に渦巻いた。

亡き家宣の正室天英院も、絵島が代参の折ごとに芝居小屋に立ち寄って、御用商人たちの饗応を受けていることや、月光院の噂も耳にしている。そんな権勢をほしいままにする絵島や月光院のふるまいを厭《いと》わしく思うだけで、口出しをできずにいた。天英院派の大奥女中たちの反撥と嫉妬も出口がない。

こうして大奥の反月光院派の女たちと譜代保守派の男たちの思惑があいまって、「絵島の役者遊び」が「密通事件」として大々的に立件されることになったと考えられる。

大奥最大の乱行「密通事件」

「密通事件」のあらましはこうである。

一七一四（正徳四）年一月十二日、絵島は月光院の名代として亡き六代将軍の命日に代参することとなった。命日は十四日であったが、その日は旗本衆などの代参もあるため、避けたのである。

同じ日、御年寄の宮路《みやじ》も家宣の養父・綱吉《つなよし》（五代将軍）の法会《ほうえ》に月光院の代わりに出席することになった。二人はその帰りに合流することを決めていた。

御年寄というのは大奥の取り締まりをする権威ある重職である。代参は晴れやかなものになる。外出どきの行列は表使《おもてづかい》をはじめ、御使番《おつかいばん》、局《つぼね》の各一人、タモン二人、駕籠かき、供方五人、添番《そえばん》一人、伊賀者《いがもの》一人というのが普通であったという。ちなみに「御用掛」という御年寄筆頭ともなると、その地位は老中に匹敵し、十万石の格式といわれる。

将軍正室や生母の代参となれば、上野の寛永寺か芝の増上寺に行くことになる。これを管理する別当寺《べっとうじ》というのがある。「神仏習合」説に基づいて神社に設けられた神宮寺のひとつである。その別当寺はいずれも広く、部屋数が三十ほどもあって、坊主も十人以上いる。中には接待の上手な坊主もいて、面白おかしく遊ばせてくれたり、芝居のお供までしてくれたりする者もいたという。

当時、参詣を終えた代参の奥女中たちが半日遊んでいくようなところは、芝しかなかったといわれる。

絵島は代参の前日、芝の増上寺の役僧へこういう申し入れをする。「明日の代参は早朝になる。馳走《ちそう》は無用に願いたい。しかしながら芝居見物の手配をしてほしい」

だが増上寺からの返事は「できない」というものであって、絵島はことのほか腹を立てた。というのも当時の役僧は、代参の奥女中たちの歓心を買おうとかなりのサービスをするのが当たり前だったからである。

立腹している絵島のところへ、大奥御用達の呉服商後藤家の手代が「手すり（七ツ口）」にやってきたという知らせが入る。絵島はさっそく御末《おすえ》（御半下《おはした》）に命じて、芝居見物の手配を呉服商に申しつけた。本来、呉服もの以外の用事を受けることはできないのだが、手代は大奥で権勢をほしいままにしている絵島に申しつけられたので断りきれず、了承したようだ。

当日、代参をすませて合流した絵島と宮路の一行は、それぞれ御中臈《おちゅうろう》・御使番・添番・御用人・御小姓衆・御末（御半下）など多くの女中たちを引き連れていた。御年寄として、奥女中たちへの振る舞いの気持ちもあったのだろう。御徒目付《おかちめつけ》の役人を含めて総勢百名ほどの大行列となった。

さっそく一行は木挽町《こびきちょう》の山村座に向かい、二階桟敷に腰を下ろした。芝居見物はもちろん月光院も承知のことである。

山村座の二階桟敷《さじき》には毛氈《もうせん》が敷かれ、酒宴の用意が調えられていた。座元の山村長太夫、それに芝居を終えた役者生島新五郎などが羽織袴姿で絵島らの相手をした。総勢百人もの奥女中たちも無礼講ということで大いに羽をのばしたことだろう。芝居の後に行われる狂言が聞こえないほど、だいぶ騒いだようだ。

こういう話がある。絵島たちの目に余る大騒ぎに、同席している御徒目付が注意をうながすと、絵島は叱りとばした。また、一階桟敷に谷口新平という薩摩藩の家臣が夫婦で来ていた。谷口は、二階（上桟敷）で騒ぐ大奥女中たちに立腹し、使いを出してその無礼をなじった。御徒目付がわびて、その場をおさめたが、絵島たちはそれからまた席を移して、多くの役者をまじえて茶屋遊びにふけったという。

当時の芝居見物というのは「茶屋」と不可分であった。観客は茶屋の出すものを芝居の終わるまで飲み食いしていた。劇場には渡し木で区切った枡席《ますせき》があって、観客はそこに押し合いへし合いしていた。上演中でも渡し木の上を、「出方」と呼んだ売り子が歩く。酔客同士が取っ組み合いの喧嘩をすることもあったという。したがって多少騒いだくらいでは大事にならない。絵島一行は、よほどの乱痴気騒ぎをしでかしたのだろうか。

歌舞伎役者の裏の稼業

絵島もそのときいっしょになって騒いでいたのだろうか。しばらくぶりに好きな新五郎と会えたのである。酒宴より二人きりになりたいということで、別室に抜け出していたかもしれない。そういう手配を座元がしていたかもしれないのだ。というのも当時の芝居小屋には、桟敷から楽屋、または座元の居宅へ通じる内証の道がつくられているのは当たり前だったといわれるからだ。

また他の奥女中たちも、酒食を楽しんで騒いでいただけとも思われない。最後まで騒いでいたのは下っ端の女中たちだけだったのではないだろうか。

というのも、当時「女郎買い」と同じ意味をもつ「役者買い」という言葉があった。歌舞伎役者が売春を陰の部分としてもっていたといわれる。お金のある富裕な女性が役者にそういったサービスをさせているのは周知の事実であったからだ。

いずれにしても絵島一行が江戸城に帰り着いたのは、暮れ五ツ（午後八時ごろ）だった。代参の場合、帰城は八ツ（午後二時ごろ）と定められている。

絵島一行が大奥の長局《ながつぼね》へ入るには二つの関門を通る。御広御門から玄関へ入り、奥女中の身分によって御錠口か七ツ口を通って長局へ入らなければならない。御錠口は暮れ六ツ（午後六時ごろ）、七ツ口は暮れ七ツ（午後四時ごろ）が門限である。どちらの門限もすでに大幅にすぎている。

遅刻した絵島は、しかし遅刻する旨の届けを出させてあったそうだ。一行は咎《とが》められることなく、それぞれ長局の自分たちの部屋に戻ることができた。

翌朝――。山村座での大騒ぎの話と門限破りは老中の耳に届いていた。山村座で叱り飛ばされた警護役の御徒目付が絵島たちの乱行の一部始終を報告していたのである。

権勢のあるところ往々にして専横が生じる。その専横が御徒目付の感情をいたく傷つけてしまったようだ。

これ以後、絵島は御年寄としての日常を取り戻せなくなるのである。

反絵島派の厳しい追及

これまでにも、御用にかこつけて絵島は芝居見物や舟遊びに興じていた。新五郎との交際は、御年寄になる以前からあった。初めのうちは代参のお供の一人として、芝居を楽しんでいたに違いない。役者遊びも人目につかないようにしているうちは、法の網に引っかかることもなかった。黙認されていたからだ。だが出世していくうち、しだいに大胆になっていったようだ。それでも、寺で若衆相手に酒宴を楽しむくらいですませていればよかった。

だが、将軍家継の生母月光院が絶対的な権力者として大奥にとどまっており、その後ろ盾があるだけに絵島の役者遊びはますます派手になっていったようだ。芝居役者を集めて公然と大騒ぎをしたり、大盤振る舞いということで、部下の大奥女中を多く引き連れて芝居見物に繰り出したりした。

そのため江戸の人々の格好の噂話のタネになったのはいうまでもない。そうなれば御支配の寺社奉行も黙って見ているわけにはいかなくなる。

かねてから権勢をほしいままにしている絵島ら大奥女中の乱行を耳にしていた幕閣は、山村座での大騒ぎは絵島の追い落としと大奥粛正、ひいては新興勢力追い落としのチャンスとみたのではないか。

ここぞとばかりに腰をあげて、厳しい取り調べを行った。その結果、大奥では収賄も横行しているという事実が明らかになる。呉服商や小間物問屋など、商人たちが御用を承ろうと、大奥の女たちに賄賂《わいろ》を贈っていたのである。

じつは絵島のこれまでの芝居見物というのも、御用のツテを求める栂屋《つがや》善六という薪炭問屋の接待であった。栂屋は呉服商の後藤の助けを借りて、絵島と縁のある奥医師（奥山交竹院）らを動かし、絵島の歓心をかおうと前年から山村座に誘っていたという。

もちろん絵島が新五郎を好いているということを承知のうえでのことである。つまり逢瀬の取り持ちをしていたのである。

情交を最後まで否認

だが、人目につかないよう生島新五郎と忍び逢っているうちはまだよかった。そのうち遊びが本気になったのだろうか。行動が大胆になってくる。前記したように絵島は新五郎に金を与えて忍び逢っているらしいというひそひそ話が、絵島の威勢を妬《ねた》む者や、天英院派の奥女中たちのあいだで交わされるようになった。

そんな中での今回の山村座での芝居見物である。その費用も——二階桟敷の貸し切り、酒宴の費用、茶屋遊び、役者への祝儀など、一切合財を負担したのは栂屋であった。

絵島は当時、大奥女中二百八十余名を統括していたといわれる。御年寄というのは大奥ではもちろん、表の役人（男）社会でも実権をもち、老中や将軍側近の人事にまで口出しのできる権威ある重職である。

いっぽうの役者新五郎は庶民のあいだでは絶大な人気があったが、社会的な地位は低かった。しかも、新五郎はかつて衣装長持ちに潜んで、呉服商の後藤の家から「七ツ口」を通って長局に忍び込んだことが、取り調べによってわかったといわれている。

二人のスキャンダルは、身分制度の厳しい江戸時代において、幕府にとって格好の断罪材料であった。

翌月の二日、絵島を筆頭に大奥女中数十人が、江戸城御広敷に呼び出され、「遊山所へまかり越すこと不届き」と、お暇を申し渡される。

絵島は兄の白井平右衛門（養父と同じ名）のもとへお預けの身となった。このとき江戸城を出される絵島は、二月というのに白無垢《しろむく》の小袖一枚に、素足だったという。芝居小屋に同行していた御年寄の宮路はもちろん、御中﨟以下、表使、御三の間、御使番ら奥女中たちも江戸城を出され、処分が下されるまで待つ身となった。

こうして、月光院付きの女中六十数人が罰せられたが、女たちのなかで重罪を負ったのは絵島だけである。ほかの大奥女中たちはそれぞれ処分を受けたものの、たいしたことがなく、まもなく赦免となった。

いっぽうの生島新五郎は入牢となった。

取り調べに対して絵島は、新五郎と情を交わしたことを認めなかった。最後まで肉体関係を否定した。そのため「不寝問」にかけられる。一睡もさせないで、取り調べをするのである。一種の拷問《ごうもん》だった。こうした取り調べが三日三晩にわたって行われたというが、新五郎との情交を最後まで認めなかった。

大奥を追い出され信州の山奥に

翌月五日、絵島に遠島の処分が下される。遠島とは、江戸時代の刑罰のひとつで、追放より重く、死罪より軽い刑だといわれている。

だが遠島とはいっても、信州高遠《たかとお》藩の内藤家に預けられることになった。これには月光院の配慮が利いたといわれる。

月光院は当初、

（なんてことを、してくれたんだ……）

という思いだったようだが、死罪という極刑に処せられる気配を感じると、減刑の請願をしたようだ。それで「死罪一等を減じ永く遠流《おんる》」ということになったという。

だが、月光院の力をもってしても、その及ぶ力はここまでであった。

絵島の兄白井平右衛門は最も重い死罪。妹絵島の行為を制止せず、むしろ狂言や芝居見物へ伴って、役者たちと会わせたりしたという罪であった。

山村座は取《と》り潰《つぶ》し。座元の山村長太夫は大島へ流罪《るざい》。役者生島新五郎は、九ヵ年も絵島と逢瀬を重ねていたということで、三宅島へ流罪。関係者はなんと、千五百人にものぼり、何らかの処分を受けたという。

大奥女中たちの芝居見物や役者遊びは珍しいことではない。絵島と同じような遊びを代参に名を借りて、している者はほかにもたくさんいた。にもかかわらず、このような厳しい処罰が下されたのは、相手が月光院を盾に大奥の権勢をほしいままにしている絵島だったからだろう。天英院は対立相手の月光院を責めず、ことさら絵島の門限破りを非難し、騒ぎ立てたという。そのため譜代保守派の老中も「密通事件」に介入しやすくなったのだろう。その結果、絵島の役者ぐるいを種に大奥の粛正という大義名分をかかげ、厳しい処断を行ったようである。

この「密通事件」に制裁を下したのは、六十六歳になる古参の老中・秋元但馬守喬《たか》知《とも》という。秋元は、綱吉・家宣・家継と三代の将軍に仕えてきた老中だった。だが今回、新興勢力の間部詮房や政治顧問の儒学者・新井白石たちに幕政を横取りされ、いわば冷や飯を食わせられていた。

その秋元にしてみれば、新興勢力を権力の座から引きずり落とす、まさに千載一遇のチャンスという思いであったに違いない。絵島生島事件は渡りに船だった。

こういう話がある。絵島を「不寝問」にかけてまで自白を迫ったのは、生島との情交はもちろんであるが、むしろ月光院と間部詮房との密通に関しての情報がほしかった。だがそんな自白は得ることができなかったので、詮房や白石を失脚にまで追い込めなかったという。

だが、この事件によって月光院派の新興勢力は打撃をこうむり、天英院の権威がゆるぎないものになったことはいうまでもない。

こうして器量のよさと才気で大奥に咲いた大輪の花は、これ以降二十数年をかけて江戸から遠く離れた信州でしおれていくのである。

二十七年間の幽閉生活

絵島の「密通事件」のあと、幕府は芝居小屋に対する取り締まりを厳しくしている。たとえば二階桟敷の禁止。また桟敷から楽屋、または座元の居宅へ通じる内証の道をつくることも禁止した。さらに、役者が芝居茶屋などへ出かけることも禁止した。そして狂言は七ツ半（午後五時ごろ）までに終わることなどを通達したという。

だがこの事件後、代参や祈禱《きとう》という名目によって行われる奥女中たちの息抜きがなくなったわけではない。奥女中を乱行に誘う寺を放っておいたからである。

代参の寺は増上寺であり寛永寺である。乱行の元はそこにあるのだが、両寺は徳川将軍家の菩提所であるため、手をつけなかったのである。

ところで絵島であるが、江戸を出たのは、一七一四（正徳四）年三月二十六日であった。この年、絵島は三十四歳である。

高遠《たかとお》に着いた絵島は、非持村（現在の長野県伊那市高遠町）というところに屋敷を与えられる。大奥で権勢をほしいままにしていた彼女にとって過酷な生活が始まる。下女は一人で、一汁一菜の食事。菓子類はもちろん、筆や紙も与えられなかった。そのうえ書見さえ禁じられた。

一七一九（享保四）年十二月六日、絵島は高遠城本丸の西南、花畑というところにある家に移される。その家屋は四方が格子造りで、番所にいたるまで格子つづきであったという。つまり囲屋敷という、牢獄のような造りであった。突然「異界」に引き込まれたような感じだったかもしれない。

高遠藩の内藤家は絵島の警護にあたって、中小姓一人、徒士五人をつけたという。絵島は徒士に昼夜交代で監視される生活を、二十数年送ることになる。その間、取り乱すこともなく、大奥や江戸表の様子を口に出すこともしなかったと伝えられている。

賢明な絵島はおそらく、自分が政争のスケープゴート（政治闘争の身代わり）になったことを思い知ったことだろう。口惜しさも募っただろう。だが新五郎とのことを

絵島囲屋敷（長野県伊那市高遠町）

思えば観念もでき、もう何も言わないためにだけ口を開くという生活をみずからに課したのかもしれない。

絵島の最期

一七四〇（元文五）年七月二十一日、絵島は病の床に就いた。しだいに重くなり、翌年四月十日、この世を去った。六十一歳であった。江戸を出されてから二十七年という長い年月が経っている。恨みつらみを抱えながらでは、そこまで生きられなかったに違いない。自分に与えられた運命を受け入れ、日々、新しい時間を生きようとしたから、できたように思える。

人は年をとると、現在の生き方や悩みが表

情に出やすくなるというが、絵島の表情にもそんな生き方が出ていたのではないだろうか。

絵島が不寝問にかけられながら、最後まで生島新五郎との情交を否認し続けたのは、きっと本気に惚れてしまっていたのだろう。そんな相手に罪が及ぶようなことは口が裂けても言えない。十四歳から奥向きに奉公に上がって真心を尽くして仕え、生きてきた女の、一世一代の恋だったように思える。

遺言では日蓮宗の寺に葬ってほしいということであった。そのため妙法山蓮華寺に葬られたという。法号は、信敬院妙立日如大姉。

こんな話がある。一九〇七（明治四十）年ごろ、絵島の墓を探しに行ったある郷土史家が、どうしても発見できず、帰りかけたとき、草むらに倒れている石碑らしいものを引き起こしてみると、それが絵島の墓石であったという。

またこんな話もある。一九一六（大正五）年七月ごろ、作家の田山花袋《たやまかたい》が、絵島の葬られた蓮華寺に行き、住職に「墓を見せてほしい」と頼んだ。けれども、「内藤の殿様から戴いたけれど置き場がなくなって、何年とあっちこっちと転がっていたんだから」と、埋めたところなどわからなくなっていた。ところが寺の裏山に登ってみると、たくさんの墓石があり、そのなかから「信敬院妙立日如大姉」と彫られた墓石が見つかったという。

絵島は当時、東京では芝居などで有名であったが、高遠では顧みられなかったのである。ちなみに現在、墓は整備され、高遠を訪れる人々の観光コースに入っている。

三宅島に流された生島新五郎は、一七三二（享保一八）年、六十三歳で死んだとも、一七四二（寛保二）年二月、七十二歳で許されて江戸へ戻り、翌年正月、七十三歳で没したともいわれる。

本作品は当文庫のための書き下ろしです。

写真提供：講談社写真資料部
構成：万有社

由良弥生―東京都に生まれる。明治大学政治経済学部卒業。出版社勤務を経て編集事務所設立。古典や神仏、歴史に関心を寄せ、様々な図書の企画編集及び執筆を手がける。1999年、『グリム童話』を現代に再現することに挑戦し、ベストセラーに。当時の世相、風俗、恋愛、さらには隠された人々の深層心理を探り、大胆に再現する筆致は高い評価を得る。

著書には『大人もぞっとする初版「グリム童話」Ⅰ・Ⅱ』『大人もぞっとする原典「日本昔ばなし」』『原典「日本昔ばなし」2』『源氏物語　眠らない姫たち』(以上、王様文庫)、『身の毛もよだつ世界「残酷」昔ばなし』(廣済堂出版)、『大奥よろず草紙』(原書房)、『大奥のおきて』(阪急コミュニケーションズ)などがある。

講談社+α文庫　大奥《おおおく》をゆるがせた七人《しちにん》の女《おんな》
――天璋院篤姫から絵島まで
由良弥生《ゆらやよい》

2007年11月20日第1刷発行

発行者――――野間佐和子
発行所――――株式会社 講談社
東京都文京区音羽2-12-21 〒112-8001
電話 出版部(03)5395-3527
販売部(03)5395-5817
業務部(03)5395-3615

装画――――フクハラヒロシゲ
カバー写真――――講談社資料センター
デザイン――――鈴木成一デザイン室
カバー印刷――――凸版印刷株式会社
印刷――――慶昌堂印刷株式会社
製本――――株式会社千曲堂

落丁本・乱丁本は購入書店名を明記のうえ、小社業務部あてにお送りください。
送料は小社負担にてお取り替えします。
なお、この本の内容についてのお問い合わせは
生活文化第一出版部あてにお願いいたします。
Printed in Japan ISBN978-4-06-281159-0
定価はカバーに表示してあります。